不做庸师

常作印　著

湖南教育出版社

写在前面的话

刘铁芳

本书系名之为“树人书屋”，意在秉承“十年树木，百年树人”的古训，在日渐浮躁的教育世界中，重温一种尊重人的生命发展规律的教育理想。

“树人书屋”将以随笔为基本形式，以对各种教育生活的幽微叙述为基本内容，以切近教师日常教育生活的方式，促成教育常识的回归。

教育启蒙有赖于理论与实践、学校与社会、教育者与被教育者之间持续不断地对话。

“树人书屋”就是要创建这样一个积极对话的平台，让所有真诚关注教育问题的专家、学者、校长、教师，以及其他关心教育的人士，都能汇聚于此，交流、碰撞，激发关于教育理想的点点心火。

目　录

第二辑 以思考的姿态前行

第三辑 在夹缝中追寻教学的诗意

以行进的方式活着（自序）

为自己擎一盏明灯

在无边的白天黑夜
用先哲的文字喂养自己饥饿的灵魂
用赤裸的双眼捕捉梦想的经纬
冰封的心海下，奔涌着一江春水

——常作印：《激活的日子》

还记得 1994 年的九月，我拿着大学的录取通知踏上北上的列车，没有喜悦，只有沮丧和失落。虽然自己在封丘一中几年的苦读换来了一个不错的高考成绩，但却因填报志愿的失误，被“贱卖”到一所师范院校。

当我站在大学新生报到处填下“常作印”三个字时，没想到接待我的老师竟然大呼小叫地跑到系里：“第一名来报到了！”继而走出一位瘦瘦的中年男子，经介绍，知道了他就是我的系主任。系主任紧紧地握着我的手，说：“年轻人，你是我系录取的分数最高的一名学生，相信这里也能成就你的梦想！”

之后的岁月，虽然系里把我当“国宝”一样重视，让我组建社团、担任班长和系学生会干部，给我无上的荣光，但短暂的喜悦后，是一种刻苦铭心的寒门子弟的自卑。因为突然间我觉得自己的优势不仅全没了，而且在某些方面还很无知、很无能。同班的城市同学听的唱的英文歌曲和摇滚我闻所未闻；他们还看索尔仁尼琴、米兰·昆德拉、茨威格等作家的作品，这些人的名字都是我所不知道的，当时我甚至还看不懂。这时的我突然发现：我是一个文化上没有长大的孩子！虽然在高中时，我是同学中公认的比较喜欢读课外书，知识也比较渊博的人，但大城市和农村的教育环境差异可能造成了这样的结果。

在看清和承认自己被剥得精光、一无所有的现实之后，在无数寂寞的夜晚，我拷问自己：“该以一种什么样的方式活着？”既然已经错过了太阳，我不能再错过月亮。感谢高中时代的王俊仁老师，他在我心灵中播下的火种是那样的顽强，不断地在我人生的黑夜将激情点燃。于是，我开始拼命学习真正有价值的东西，以一种鲸吞的方式，以一种可怕的速度进行恶补。这，大约就是无权无势的寒门子弟改变命运的唯一方式。

那时的我，就像《庄子·秋水》中的河伯第一次看到了大海，或者说像一个乞丐看见了金黄的面包，我开始了急切的、繁忙的、有目的的阅读。那一段日子里，常常晚上一两点钟才休息，有几次居然看了个通宵。虽然学校的图书馆非常地简陋，但它还是为我打开了一片新的世界，让我感受到了书籍的魅力，也为我的阅读生涯奠定了良好的基础。在短短几年时间之内，我浏览了《论语》《道德经》《诸子百家》《全唐诗》等中国传统文化经典，也硬啃了罗素、尼采、黑格尔、康德、哈耶克等西方思想大师的著作，还发表了几篇有一定分量的“论文”，等到大学毕业时，我不仅专业上取得全系第一名的好成绩，而且还被评为省级高校优秀毕业生。班上的老师同学都认为我是最适合搞学术的人，建议我跑跑关系送送礼争取个名额留校任教，但我产生了要到中学去，改变基础教育现状的强烈冲动。我为当代中国没有思想大师、文学大师而感到深深的遗憾！我想：未来的大师应该由我培养出来。我要是能培养出胡适、鲁迅、朱自清、陈寅恪等那样的大师，该是多么幸福呀！我为这个梦想激动万分。于是，我走进了一所城市中学的大门。

倾听生命拔节的声音

扬起大漠驼铃仰天绝唱
在我笔管的血流里，单薄的梦幻
一直迷失着远方的苍茫
向苍穹争一席擎天之志
用汉语的锋刃刻下卓绝的守望

——常作印：《大漠胡杨》

但是走上教学岗位不久，我就受到了沉重的打击。一是由于自己存在教育理念的偏差，常常在学生目瞪口呆中进行知识轰炸：从四书五经到唐诗宋词，从弗洛伊德到超现实主义，使一些领导不能容忍这种无法无天的教学；二是由于课堂操作能力和考试技巧的缺乏，我经常在层出不穷的考试中栽跟斗；三是由于普通话不太好，偶尔会不自觉地流露出方言，常常遭学生嘲笑。

这次从学校走向社会的经历，让我感受到书本与实践、知识与能力之间的巨大距离。

或许人生就是一场漫长的障碍赛，需要不断地跨越自己。昨天的成绩不能代替今天的努力。好强的我，开始渴望新的超越，渴望能够非常自如地站在讲台上。

为了练好普通话，我买来著名播音员和著名朗诵家的录音带，反复地听，反复地模仿练习。继而又把自己练习的声音录下来，放给家人听，让他们帮我纠错。无论走到哪里，都随身携带一本新华字典，遇到拿不准的字音和声调，随时查阅。为此，我竟然翻烂了五本字典。渐渐地，我的普通话越来越标准，学生一致夸我上课的声音“赛过播音员”！在后来的河南省教师普通话测试中，我顺利获得了一级乙等的好成绩。

记得京剧大师梅兰芳说过一句话：“不看别人的戏，就演不好自己的戏。”演戏如此，上课何尝不是这样！我开始认真听身边每一位优秀老师的课，虚心学习他们的长处；认真收集书刊上刊登的教学案例，细细品味别人独具匠心的构思；到处借阅名师的上课录像，反复揣摩每一个精彩的段落；不放弃每次外出学习的机会，哪怕是自费也要亲耳聆听专家讲座和名师的观摩课。我不断地模仿名师上课时的一招一式、一言一行，不断地把他们的“思想玫瑰”移植到我的教学试验田，结果常常有一种意想不到的收获。渐渐地，我的课堂不但有了生气而且有了出色的成绩。

模仿，最终是要学会自己走路，走自己的路。后来，我不再满足于邯郸学步，而是把别人的经验、名家的理论融化成自己的东西。开始有目的有选择地读书，开始以教材为圆心拓展自己的知识面，开始把每一篇课文作为研究对象进行拓展性、批判性研究。很多时候，我像别人读武侠、言情小说那样，津津有味地啃着一本本教育理论书，常常像哥伦布发现新大陆一样，发现自己未知的领域。一些经典被我批注了密密麻麻的文字，甚至有不少的地方已经被我画得面目全非。望着书架上一排排的读书笔记，真的像一排排的精神士兵。可以这样说，正是牛嚼了这些教育经典，使我坐上了提升自己的“直升机”，摆脱了那种在黑暗中摸索的状态。

著名京剧表演艺术家盖叫天说：“科班的孩子练完功了，老师常叫坐下来，静一静，默一默。”什么叫默？默就是用脑筋去思索、揣摩。我个人认为，书本上的知识只有在善思者的头脑中才能活化为智慧。只有将粗糙的、混杂的、表面的、肤浅的、零碎的教育大杂烩，经过反思的发酵、过滤、提炼、蒸发，最终才能煮成一道道精美喷香的教育美餐！为此，我常常一动不动地“默”到半夜，深入钻研教材，常常发现别人没有发现的东西，想出别人没有想出的主意。一次次的反思，一次次的实践，一次次的更新，一次次的收获……虽然它让我经历了蝉蜕蝶化前的焦灼痛楚，但却让我听到生命拔节的声响。因设计独具匠心，我曾连续三次荣获河南省中学语文优质课教学设计大赛一等奖；2004年10月，我代表学校参加安阳市中学语文优质课比赛，因设计新颖，一举夺得一等奖！结束时全场听课的教师起立为我鼓掌。一位老教师更是激动地上前握着我的手说：“常老师，这是几年来我听过的最好的一节语文课！”

为了进一步提高自己的文化底蕴，我几乎每天早晨都与学生一起背书。我始终认为，优秀的语文教师不仅要备课，还要“背课”。学生超越教师，是教育的幸事；然而如果教师太容易超越，我看则是教育的悲哀。为了培养出最优秀的学生，我必须努力使自己成为最优秀的教师。教第一届学生时，我把初中和高中的12本语文教材要求背诵的篇目都顺利地背了下来；教第二届学生时，我开始背唐诗宋词、《诗经》、《楚辞》、莎士比亚的《十四行诗》、林肯的《葛底斯堡演说》、泰戈尔的诗歌等；后来，又背《论语》和《道德经》等。虽然我不及孩子们的记忆力好，但是我的理解力比他们强一些，所以背起来也不是很吃力。《论语》有20篇，一周背1篇，20周就可以完成任务；《道德经》有81章，其实就是81段话，一天背一段，81天就可以轻松背完。这些事情做起来并不难，而且它极大地丰厚了我的文化底蕴，何乐而不为呢！

激情在网络中燃烧

黑夜包住最后一丝光明
让眼睛在网络的大海中冲浪
以千年的婉约与豪放
从一个游子生命长途的零公里处
激情飞扬地出发

——常作印：《子夜灯下》

2003年，我的专业发展出现了高原期现象，恰在这时，读到了《朱永新成功保险公司》一文，由此开始走进网络世界。初识网络的我，一下子就被深深地吸引，好像一条搁浅的鱼儿找到了浩瀚自由的海洋。我贪婪地阅读和下载着自己喜欢的内容，开始为他人的教学设计叫好，为他人的教学思想而折服，也为自己与网络结识太晚而深深的懊悔。从那时起，我每天都像农夫一样走进网络的田野里溜达。

渐渐地，我不满足一直在网外看风景，一种要倾诉、要交流、想成为风景中的一部分的渴望强烈地撞击着我的心扉。在审视了自己一番后，决定融入这个七彩的世界，进行我的教育激情之旅。我生涩地输入了“阿常”这个网名，郑重地注册为K12会员并申请了个人专辑，这一天是2003年11月6日！

经过三天的写作、修改、润色，我的第一篇网文终于诞生了。3000多字的文章搬到电脑上，足足花了我一天的时间。把它首发在K12论坛后，我怀着忐忑不安的心情，等待网友的回帖。没想到，我投石问路的帖子得到了网友的热情回应，和风版主第一个回复并加入精华贴，继而端木守拙、山野村姑、九歌、点睛、野枫等网友也相继跟帖，表示赞同和支持。后来这篇文章被K12网作为新闻专稿发于首页。这是我第一次在网上发表文章，兴奋的我迫不及待地告诉办公室的同事和家人。不久，我收到网站寄来的115元稿费。更出乎我预料的是，这篇文章在K12首页发表后，犹如石头掷入平静的湖面，竟然掀起不小的波澜。短短几天内，K12网上参与讨论的竟达上千人；三十多家网站进行了转载；2004年1月1日的《中国教育报》也引用了其中的几段文字并进行了评论；短时间内，先后有六家报刊社的编辑与我联系，表示想刊发这篇文章。特别是北京一家较有影响的教育报社专门打来电话，表示将派记者对我专访。更让我感动的是一位远在英国的朋友在欧洲华人网看到转载的此文后，发来了近两千字的电子邮件，表示赞同和支持，并给予热情洋溢的鼓励。

从此，无论工作有多忙，一旦有属于自己的时间，我都坚持上网耕耘自己的精神家园，平静如死水的教育生活一下子被鼠标激活。步入而立之年的我突然感到青春的热血正在冲破堤防，沉积已久的压抑正如火山爆发。还记得2004年6月的一天，我写了一篇关于中国职称评审体制的文章。犹如银瓶乍破，引起网友激烈的讨论。6月23日，一位网友的跟帖吸引了我的目光。他写道：

"看了您的大作，真的大开眼界。尤其是中国的职称竟然跟工资、福利等挂钩，更令人费解！……"

然后是洋洋洒洒1000多字关于美国教师"职称"的介绍，让我眼界大开。这些是我从来没有看过听说的东西。我十分纳闷他对美国"职称"怎么如此了解？带着疑问，我便给他发了悄悄话。不久他就热情地回复，结果让我大吃一惊，原来他是大洋彼岸的美国博士、教师、汉学专家！这时我才真正体会到什么是"地球村"。

与网友的交流让我的教育教学思路大开，我在改造课堂中不断追寻和实现自我超越，大胆创生诗意的教育，我小心翼翼地用智慧和爱心给教育的每一个细节都涂上了快乐的底色，让学生在自由、民主、幸福中领略到别样的课堂风景。一棵树摇动另一棵树，一朵云推动另一朵云，一个灵魂唤醒另一个灵魂，交流情感、分享智慧、敞亮人生，我欣喜地觉察到自己在探索的路上似乎已经触摸到了诗意教育的境界。感谢网络！在基础教育这座直入云霄的大山上攀援时，是它把我送到一个新的高度，使我采摘了一些香美的鲜花，收获了一路令我热泪盈眶的故事。渐渐的，上网不仅成为我成长的动力，更成了我感悟教育的行动。

书写自己的教育传奇

即使今天苍老

也要黄酒饮尽

卷一纸疾风骤雨

用思想在最真实的纸面

激起一江豪情

——常作印：《书生》

帕斯卡尔说过："人只不过是一根苇草，是自然界最脆弱的东西；但他是一根能思想的苇草。"对于教师来说，思想贫困是最大的贫困，它比经济贫困、知识贫困都更为可怕。有思想才有尊严，有思想才有魅力，有思想才有价值。

针对中国教育改革中出现的种种问题，我以青年人特有的热情和中国教师特有的良知思考着。近几年来，我对教育尤其是语文教育的思考文字，引起了广泛的关注。发表的《中国语文教育需要来一场文艺复兴》，在一些教育网站引发了思想启蒙的讨论；发表的《关于语文教育的本原思考》，引发不少教育同行对"乱花渐欲迷人眼"的语文改革的反思；发表的《用自己的眼睛看教材》系列，受到不少专家和一线语文教师的好评。

为了用事实说话，不靠在书斋里拍脑袋，我自费跑遍大半个中国，拜访专家名师，深入一线，深入农村，调查中国教育，尤其是基础教育，先后走访不同阶层不同行业的两千多人，掌握了大量的第一手材料，以真实的视角记录下真实的中国教育，曾写出十几万字的调查报告。

没有人要求我必须这样做，也没有人资助我做这一切，我是自觉地、也是自主地做这一切。为了我自己，为了广大的教育工作者，为了那些曾经把毕生的心血献给教育事业的先驱们，更为了祖国的教育事业和广大的学生。为了存在的浓浓的爱国之情，为了存在的理智，为了没有完全麻木的大脑，为了没有丧尽的良知。王安石讲过"三不足”：“天变不足畏，祖宗不足法，人言不足恤”。我有“三不畏”：学术上的权威不畏，政治上的威权不畏，社会上的主流人言不畏。唯真理是从，唯国家与民族之最高利益是从。我所持的许多观点，决不会轻易放弃，除非实践证明我确实错了。如果是那样，那我也不会“披发入山、埋琴焚书”。

我常常为一些人感到可悲，把聪明才智都浪费在无聊的事情上。还是多用心去做一些力所能及的事吧，哪怕它小，对社会都是有益的。我也常常为我们的社会感到可悲，把大量的钱财投入到许多假大空的项目中，见不到什么效益，却培养出许多寄生虫。我更为我们的教育感到可悲，教育的神圣，在今天已经被摧残得无处可寻，现在它更像是一个廉价的装饰物，被人肆意地蹂躏和利用，失去了应有的尊严。

回想起自己走过的路，常常有一种莫名的惆怅。当自己到农村调查被小偷窃去全部金钱天地无应孤独无助时，当自己另类的言行遭到别人的白眼时，当自己囊中羞涩蹲在新华书店摘录“文献”遭到售货员的讽刺和挖苦时，当自己在炎炎的夏日忍受着蚊虫的叮咬在灯下写作时，当自己冬日里在用卫生间改造的书房里忍受着零下五六度的煎熬时，当自己单调的敲击键盘声伴着犬吠虫鸣送走一个又一个黑夜迎来一个又一个黎明时，苦闷、孤独、寂寞常常袭上心头，那种悲哀常常找不到合适的语言来形容，自己的所谓的研究，也几次险些荒废。

常常感觉自己像葬梦荒园里的一只望乡的不归鸟，栖息在凋残的枝上，虽日日啄食苦涩的寂寞，焚孤寂以吟唱，却听不到应和的声音。每当此时，特别理解范仲淹的“微斯人，吾谁与归”和周敦颐的“莲之爱，同予者何人”的感慨。好在我能避苦求乐，能苦会乐，化苦为乐。我常想：避苦求乐，可能是人性的自然；能苦会乐，可能是做人的坦然；化苦为乐，则可能是智者的超然。也许只有在大孤独中才能领略到大境界。

虽然诗人海子说，“远方除了遥远一无所有”，但我知道，远方除了遥远，还有我的梦想和追求。既然选择了远方，就要以行进的方式活着。

第一辑 做一个有专业尊严的教师

是谁在把教师引向发展的雷区

说句实话，作为教师的我，比较害怕听师德报告。因为每次报告听完，没有自豪，只有悲哀。为台上的“优秀教师”悲哀！更为我们这个群体悲哀！他们催人泪下的报告完全可以用一句话概括，那就是“有家不回，有病不看，有孩子不管，有父母不要”。我们不禁要问：难道这就是我们所要提倡的教师的工作方式、生活状态和专业发展方向吗？

首先，说说“有家不回”

他们都以校为家，起早贪黑，废寝忘食，夜以继日，一天到晚泡在学校里，几乎没有多少属于自己的时间。天不亮就匆匆离开家，顾不上给孩子做一顿早餐；深夜才筋疲力尽地回到家中，孩子早已在等待中睡着。总之，每天上下班是只见星星不见太阳。而有些做得更“优秀”的教师，甚至常年住在学校不回家。平日里忙碌不说，节假日还要给学生补课。

一心扑在工作上，精神固然可嘉，但没有了正常的生活，却很难让人觉得这是一种值得提倡和称道的生活方式。难道我们兢兢业业的工作不是为了创造更好的生活，而只是为了证明教育工作的崇高和伟大吗？事实上无论站在哪个角度分析，我们都不难发现生活和工作这两者对任何一个人都必不可少，都不可偏废。可为什么这个问题出现在教师身上时，我们就可以视为理所当然，甚至理直气壮呢？

教师作为一种职业，应该符合现代教育的规范和要求，既要追求高质量，也要追求高效率。如果在国家规定的八小时工作时间内还不能完成自己的工作，我们就有必要追究一下其中的原因；如果说讲求工作效率是正确的，那么这些优秀教师为什么没有顺应这一时代潮流？如果教育学生不是一朝一夕之功，为什么这么多教师三更半夜孜孜以求？究竟是哪个环节出了问题？

其次，谈谈“有病不看”

我们宣传的优秀教师、师德典型大多身体不好，患有多种疾病，尤其是腰椎病、颈椎病、咽炎等职业病，却长期得不到及时的治疗，天天拖着残病的躯体在学校里穿行。

抛开带病工作的效果不谈，单是这种行为本身就让人难以接受。身体是工作的本钱，依靠透支健康来获得事业上的成功，无疑是杀鸡取卵的做法。如此程度的献身精神委实令人敬佩，却实在不该是广大教师效仿和学习的榜样。我们的社会培养教师的目的是为了让他们长久地在教育岗位上做出贡献，而不是让他们正当盛年就如一部部快速老化的汽车超负荷地在公路上疾驰。我们常常提国民经济的可持续发展，是不是也应该重视一下教师资源的可持续使用呢？

有病休息是每一个人的正当权利。在理想和现实中，教师首先要选择生存，只有好好的活下来，才能让理想之花不致枯萎。一个连自己的身体和生命都不珍惜的教师，是不配做教师和谈教育的。因为教育更多是让我们的孩子学会生存、珍惜生命。

人的生命不仅仅属于自己，也属于家庭、集体和社会。为了追求一时的成功而透支生命甚至糟蹋生命，是一种心灵残疾的表现，是对自己、家庭、集体和社会极大的不负责任。我们推他们为“师德标兵”，真不知意欲何为？我们在宣传中忽视了一个教师健康地活着可以创造更多的价值，可以做出更大的贡献，更为关键的是对下一代的生存教育、生命教育具有多么大的现实意义！我真的再也不希望听到：教师悲惨地站在神圣的讲台上拖垮早已患病的疲惫身躯，而仅仅充当学生含泪学习的崇高榜样。

再次，侃侃“有孩子不管”

他们当中有的怀了孩子却迫不得已打掉；有的孩子活泼可爱，却只能反锁在家中，几乎和孤儿差不多，对他们而言，生孩子简直是罪过。

《深圳青年》上曾经刊登过张丽钧的一篇文章《每一朵花都有盛开的理由》，让人感慨万千：

在电视上看“十佳教师”的事迹报告，看着看着，眼泪就蜇疼了眼睛。

在他们当中，有一个姓方的女教师，讲述了发生在她身上的真实故事。

方老师的丈夫在外地工作，他们有一个4岁的女儿；方老师教初三数学，同时担任一个班级的班主任工作。这一年夏初，复习进入了白热化阶段。方老师每天早晨6点以前赶到学校，晚上10点以后才能回家。上幼儿园的孩子每天先随妈妈到学校，因为太早，幼儿园还没有开门，等妈妈安顿好了班级工作之后再由妈妈送到幼儿园；晚上7点钟，妈妈将孩子从幼儿园接回家，拔掉所有的电器插头，再将玩具堆放在女儿面前，然后反锁上家门到学校去辅导晚自习。

有一天，方老师所在的年级要进行模拟考试，一大早，她的女儿说自己“特别冷”，方老师摸摸她的额头，感觉有一点发热，但她没有在意。晚上她把女儿接回家，女儿又说“特别困”，方老师便让女儿睡觉，自己急匆匆赶到学校去辅导晚自习。第二天，孩子说没力气起床，要求不上幼儿园了，在家里玩一天。妈妈也就答应了。第三天，孩子说眼睛看不见东西，这时，妈妈的模拟考试也刚好结束了，便带孩子到医院去瞧病。结果，医生说，孩子因为高烧，眼角膜已经软化穿孔，彻底失明了……

方老师讲到这里不由得呜咽起来。但她平静了一下情绪，马上接着说：“那一届学生十分争气，有一半学生考上了重点高中。虽说为了他们的成功我付出了高额代价，但我觉得值得！他们的成功是我一生的安慰与自豪！”

……

看到这个真实的事例，我那一刻感不到一丝的自豪，反而深感愤怒。这个伟大的方老师，竟可笑地以为她送走几个成绩优秀的学生就可以抵消她对一个无辜女孩所犯下的罪过？她令人炫目的光环背后，是对女儿的近乎冷酷无情的虐待。她把那个可怜的女童看成了自己的私有财产，以牺牲掉孩子来显示一个身为母亲的教师无比高尚的情操；她以工作紧张为由，无端地给社会制造出一个“累赘”，而她竟天真地以这样的行为来炫耀。

现在有一句误导教师的名言特别流行，那就是“爱自己的孩子是人，爱别人的孩子是神”。这句话出自何方神圣之口，我不得而知。但我就纳闷，凭什么说“爱自己的孩子是人，爱别人的孩子是神”？为什么我们非得把爱自己的孩子和爱别人的孩子对立起来？都是孩子，为什么我们对待他们就不能统一起来，一个标准呢？再之，我们凭什么要求教师都做“神”呢？我们反思一下，如果一个教师连身心健康的“人”都达不到，又何谈“神”呢？

真正优秀的教育工作者，应首先树立起“成就别人的孩子也成就自己的孩子”和“为国育儿”的理念，努力培育好每一个孩子（当然包括自己的孩子）。任何事情都不应该成为一个教师毁弃一个孩子健康、生命和前途的理由。

最后，聊聊“有父母不要”

他们为了工作置亲情于不顾，“有的公婆卧病在床，却不能侍奉左右；有的父亲病逝，却不能赶回去见最后一面。”我们究竟想通过这些老师让人锥心泣血的故事张扬什么？标榜什么？

再回想这些被誉为道德楷模的教师一面在讲台上告诉学生要爱他们的父母，一面却对自己的亲人的冷暖安危置之不理，这无疑是绝妙的讽刺。我们的教育给了自己一个响亮的耳光！我们的教师好像不是在教书育人，而是在演戏。难道一名教师的工作重要到无人替代的程度了吗？他们只能眼睁睁地看着自己的亲人在痛苦中挣扎，而无法在病床前流下一滴忏悔的眼泪。在没有了幸福的家庭生活之后，我很难想象教师们还能对自己所做的一切充满自豪感。我们究竟是在倡导师德还是在鼓吹残忍？连起码的人性都没有了，道德的大厦还会巍然挺立吗？一个连自己的父母都不爱的人，你能指望他毫无私心地发自肺腑地爱学生、爱集体、爱国家吗?

……

我越想越发地困惑，是谁在把我们教师引向这没有人性的变态的师德雷区？为什么教师要用对自己的身心健康、家庭、亲情的自戕式虐待来取悦领导，取悦群众，取悦社会？我们改革开放这么多年了，为什么对待教师的要求仍停留在三四十年前的计划经济时代？为什么教师只有牺牲了健康、家庭、亲情这些每一个人都不愿意失去的东西之后才能得到上级领导、社会和大众的承认，才会获得优秀的荣誉？这无疑是在让我们的教师用身体去滚雷区！

与其用理想化的标准来自欺欺人地批评教师没有达到应有的道德高度，不如把教师从虚幻的神坛上拉下来，让这些不堪重负的园丁们恢复他们的本来面目。我衷心地希望各级机关再评选师德标兵时，也能站在一个更理性更客观的高度上。希望下一次师德报告会上，能够多听到我们自己推出来的优秀教师谈如何科学地搞好专业发展；如何健康地生活；如何有张有弛地高效工作；如何在成就别人孩子的同时也成就自己的孩子；如何孝敬自己的父母、营造幸福的家庭……那样我们会为我们的职业发自内心地自豪和骄傲！

教师专业发展需要自下而上的觉醒

如果从现代教学形式——班级授课制的建立、教师开始成为一种专门职业算起，教师专业化已经走过了 300 多年的历史。

二战以后，特别是 20 世纪 60 年代以后，教师专业化成为一种强劲的思想浪潮，并极大地推动了许多国家教师教育新理念和新制度的建立。

现在，教师专业化已经成为促进教师教育发展和提高教师社会地位的成功策略。

20 世纪 60 年代中期以后，随着出生率下降而对教师需求量的降低，由于经济原因教师培养机构成为政府削减公共开支的对象，以及公众对教育质量的不满引发对教师教育的批评，提高教师“质”的要求取代了对“量”的急需，对教师素质的关注达到了空前的程度。

1966 年联合国教科文组织和国际劳工组织提出《关于教师地位的建议》，首次以官方文件形式对教师专业化作出了明确说明，提出“应把教育工作视为专门的职业，这种职业要求教师经过严格地、持续地学习，获得并保持专门的知识和特别的技术。”

日本早在1971年就在中央教育审议会通过的《关于今后学校教育的综合扩充与调整的基本措施》中指出，“教师职业本来就需要极高的专门性”，强调应当确认、加强教师的专业化。

在英国，随着教师聘任制和教师证书制度的实施，教师专业化进程不断加快，20世纪80年代末建立了旨在促进教师专业化的校本培训模式，1998年教育与就业部颁布了新的教师教育专业性认可标准“教师教育课程要求”。

我国的香港和台湾分别从20世纪80年代后期开始加大教师专业化教育制度的改革，教师专业化的观念成为社会的共识。

1989－1992年，经济合作与发展组织（ECDO）相继发表了一系列有关教师及教师专业化改革的研究报告，如《教师培训》《学校质量》《今日之教师》《教师质量》等。

1996年，联合国教科文组织召开的第45届国际教育大会提出，“在提高教师地位的整体政策中，专业化是最有前途的中长期策略”。

近年来，随着信息技术的高速度发展，经济全球化的进程日益加快，社会对教师工作质量和效益的要求空前提高。在这一背景之下，进行以教师专业化为核心的教师教育的改革，已成为世界教育与社会发展的共同特征。

虽然我国早在20世纪30年代就对教师职业展开过讨论，当时有一种很鲜明的观点，“教师不单是一种职业，且是一种专业……性质与医生、律师、工程师相类似”。但至今，对教师是不可替代的专门职业仍未形成共识。

在不少人的思维里，还把教师定位为一个像春蚕似蜡烛的奉献职业。由我们每一届推选出来的各级优秀教师可见一斑。我们在教育理念上甚至提出“一切为了孩子，为了孩子一切，为了一切孩子”这样极端的口号，而恰恰忽视了教师这个专业群体最需要发展起来。没有教师的觉醒和专业发展，任何教育改革的结局都只能以失败告终。

顾明远教授指出，现代社会职业有一条铁的规律，即只有专业化才有社会地位，才能受到社会的尊重。如果一种职业是人人可以担任的，则在社会上是没有地位的。因此，我们不能理解，为什么对教师的抱怨越来越多，原因之一就是我们这个群体在专业化发展上做得非常不好。

许多教师退休那一年的教学水平往往和他刚参加工作那几年的水平差不多，几十年来几乎在自己的专业上没有什么发展，甚至出现了越教越“矮”的局面：教高中的教师，最后只剩高中水平；教初中的教师，最后只剩初中水平；教小学的教师最后只剩小学水平。这就是中国教师专业素质的现实，社会又怎么会对我们这个群体满意呢？

几十年来，一代又一代的教师寄希望于教育体制的改变，却认识不到自身的力量，我们中国教师身上或多或少的都存在一种“青天情结”。

我们常常面临着这样的困境，几乎所有的人都对教育不满，但这种不满，却并没有转化为改革的动力，我们看到的情形是，随着上大学的比例大幅度上扬，升学竞争反而显得更为残酷，甚至从高中弥漫到了小学。

作为身肩重任的教育者，我们这个群体也是受害者（不乏受益者），超负荷的工作，缺乏乐趣的备课，使越来越多的年轻人从加入到这个行业开始，就变得怨声载道，牢骚满腹。而政府为改变应试教育所作的一切努力，往往因为各种原因而付诸流水。——令人奇怪的是，其中有一个重要的原因来自于教师。

从某种意义上讲，教师这个群体，既是应试教育的坚决反对者，又是应试教育的中流砥柱，甚至是历次教育改革失败的关键原因之一。中国教育，就在这种缺乏建设性的牢骚与惰性中一点一点地走上了不归路。于是，教育改革就陷入了一种恶性循环，进入了一种囚徒困境。

为什么会出现这种结果？——因为任何改革，都需要自下而上的觉醒和成熟的专业化群体。古今中外的每一次历史改革，几乎都首先是从民间开始的，走的是自下而上继而自上而下的路线。比如我们的联产承包责任制，最初就是从安徽的几个农民开始的，然后是自上而下的全国推行。中国的教育改革必须唤醒教师，只有教师自下而上的专业觉醒，来一场自我解放运动，我们的教育改革才有希望。

对教师而言，我们也完全可以过一种幸福的教育生活。我们应时常思考这样的问题："我是否看到教师职业能给人带来的内在尊严?""我的专业劳动质量是否已达到了因创造而获得内在尊严与欢乐的水平?"对这些问题的追问，必将唤起我们作为职业主体的意识，重建自己的教师专业意识和专业行为，使自己成为自觉创造教师专业生命和专业内在尊严的主体，享受因过程本身而带来的自身生命力焕发的欢乐。

总之，教师专业发展关键靠我们这个群体自己。正如《国际歌》所言："从来就没有什么救世主，也不靠神仙皇帝，要创造人类的幸福，全靠我们自己!"

做一个有专业尊严的教师

首先，让人看“专”你。

专业觉醒是发展的前提。教师不是一个仅靠热情和勤奋就能干好的职业，它还需要很高的专业技巧和专业智慧。一个没有专业素养的老师，会把天才培养成庸才，而那是对人类文明的最大的犯罪。法国文学家雨果说：“只要学有专长，就不怕没有用武之地。”对于一个教师的事业而言，最大的危机就是业不精专。学生可以原谅老师的严厉、刻板，但是不能原谅老师的不学无术、不思进取、业不精专。笔者认为，学生超越教师，是教育的幸事；然而如果教师太容易被超越，则是教育的悲哀。教师专业成长首先是心灵的成长，而职业和专业认同是其前提。

其次，专业发展的主阵地是课堂。

课堂是教育之核，是教育的起点和终点，也是实施教育影响的实践场。对学校和教师而言，得课堂者得天下！课堂是教师专业发展的基础和生命。如果说教育教学是一名教师思想存在方式的话，那么他只有借助于课堂这个载体，才能实现专业发展振翅冲天的快感和超越。令人遗憾的是，我很痛心地看到，不少老师在专业发展的道路上误入歧途，以为专业发展就是写写文章、做做课题等，而荒了自己的课堂。其实，我们现在倡导的读书、反思、写随笔等，一定意义上讲，都是为课堂教学服务的。

再次，用网络促进自己的专业成长。

网络是一个神奇的世界，是引领教师成长的好地方，是最便宜、最实在的教师培训基地。现在，一个不能掌握现代信息技术的人，已经成为新时代的另一类文盲。如果我们还满足于读几本教育杂志和与几位同事进行交流，那已经远远落后于时代了。我建议大家要学会利用网络提高自己的成长力！思想上领先一步，你就领先一个时代；行动上领先一步，你就捷足先登。

无论你生活的地方多么贫困落后，如果条件允许，一定要买来电脑，哪怕是二手的，一定要引来一根网线，有了这根网线，你通往外面世界的通道就始终是畅通的。我们可以通过 QQ、论坛、博客等多种形式，在网上直接与大师专家对话、与优秀教师交流，甚至能够寻找到中国，乃至世界上最优秀、最智慧的头脑进行交流。想发表自己的见解吗？论坛、博客没什么门槛和限制，敲入文字，你就能向所有地球人发出自己的声音。所以，著名教育学者许锡良教授说："现在从不上网的教师，不是好教师。"

最后，学点管理学，掌握时间管理的艺术。

忙者，心亡也。太忙则心死。爱因斯坦曾指出："负担过重必然导致肤浅。"教师的忙与累，抛开体制因素，一个严肃而又严重的现实不容忽视：绝大部分教师管理知识和管理能力欠缺，更没有时间管理的意识。

不少人羡慕名师，其实名师并没有生活在真空状态中，也照样受着体制的约束。近些年来，我和不少名师在网上有过交流，发现他们很会享受生活，每天并不比我们辛苦到哪里。这一切的关键就是时间管理的法则。帕累托法则（又叫 80/20 法则）告诉我们：20%的时间可以完成 80%的工作；或者完成 20%的工作就能达到 80%的绩效。所以，我们要通过选择正确的方法，优先做重要的事情，再做次要的事情。无论在哪里，时间都是自己的，关键是如何管理时间、提高效率。

其实，我们每个教师也完全可以过一种幸福完整的教育生活。本来我们都是白天鹅，但由于我们做惯了丑小鸭，已经不相信自己还能够飞翔；本来我们都是千里马，但由于长期习惯于拉磨，不相信自己还能奔跑起来。教师成长最重要的是行动和坚持。一个像渴望呼吸一样渴望发展自己的人，没有什么能阻挡得了你。

教师不堪“高帽子”之重

关于老师，历来歌颂的诗词文赋不计其数。在中国，给教师戴的一顶顶美丽的高帽已经把老师祭上了神坛。然而在中国，谁都知道越是堆满高帽子的职业，越是社会地位低下的职业。现择其几顶，略作展示。

“春蚕”、“蜡烛”

长期以来，这种比喻就成了教师的“专利”，它刻画出教师工作的艰辛与奉献，很多教师以此来激励自己，不少领导也以此来赞扬和要求教师。“春蚕”、“蜡烛”，多么悲壮、多么可歌可泣的教师形象。教师通过奉献自己、耗尽自己使学生得到发展，自己却无法获得可持续发展，这难道是大家所希望的吗？常有报道优秀教师英年早逝，难道不令人心痛吗？“那种把一类人的工作视为仅仅是为另一类人献身，一类悲剧性地活着仅仅是为了造就另外一类人幸福的说法，其实已经和我们这个世界的初衷相去甚远。”（李希贵）

辛勤的园丁

首先，应当肯定的是——“辛勤的园丁”是一顶非常漂亮的高帽！但这漂亮的下面却是汗水和泪水，老师做着社会上最基础培育人才的工作，但待遇却不好说。前些年，还有不少地方拖欠教师养家糊口的工资，无怪乎人们不愿意做老师，谁愿意做付出辛苦而报酬很少的工作啊！

其次，园丁执行的是个人意志，追求的是人工的雕饰和整齐划一。如果教师也按照个人的主观意志以同一标准来培育学生行不行？过分强调共性，扼杀个性的例子实在太多了。无数个性鲜活的学生就是在“园丁”的辛勤工作中被“塑造”成划一的“人才”。学生是发展的人，是独特的人，是有独特意义的人，教师要因材施教并注重学生个性的发展，在呼唤教育创新和创新教育的今天，教师的生命在于创造，教师还能只是园丁吗？

人类灵魂的工程师

这顶高帽是人们最熟悉不过的了，它肯定了教师塑造学生的巨大作用和人们对教师职业的极大期望。然而，当我们在认可教师伟大作用的时候，当我们在歌颂“人类灵魂的工程师”的时候，我们不得不承认，教师的作用远非工程师的作用，教师的地位也远未达到“灵魂的工程师”的地位，这是不能不正视的现实。

对于塑造人的灵魂，每一个人都知道它的艰难，那就请各位把指责的手指、鄙夷的眼神、无情的批评从教师的身上移开吧！不要再对他们一味施压了。

我们看到辛辛苦苦几十载的老教师，他们用自己的心血呕沥培养了一代又一代的学生，可是塑造成功的学生还是很有限的。

再之，社会岂能让每个人都是成功者呢？大教育家孔子三千弟子中毕竟只有七十二人成名，我们又有几个可以和孔子相比呢？

如果教师把每个孩子的灵魂都塑造成功，那么这个社会的公检法系统的所有的人员恐怕都要失业了。

太阳底下最光辉的职业

这是一顶让我们教师找不到北的高帽。我常想：普天之下，如果教师这一职业是“最光辉”的，那么优秀的人才应当争先恐后无比向往这一“最光辉”的职业。可是，事实恰恰相反，优秀的人才许多都愿去当官，看看每年公务员招考报名时排起的长龙就可窥一斑！再看看每年从教师队伍中流失的优秀人才就更让人心寒！

前年10月15日，韩寒在南京签名售书时答记者问，谈到老师，他一脸的不屑，一针见血地爆出了一番惊世之语：“老师就是那些北大、清华、复旦没考上，落到什么师范；师范中学习好的都不当老师，考研；当老师的就是那些中、低级的，学习不怎么好的。也别把老师当成什么，什么太阳底下最光辉的职业，什么呀……”这无疑是对这一称谓的极大的讽刺！

教师到底是什么呢？

我说教师就是教师！教师首先是人，是普普通通、有时也会犯错误的人，他们各方面的承受能力是有限的。教师也是许多人养家糊口的平凡职业，并不是神圣的。如果教师都变成社会上有些人所希望的那样，这个世界会是什么样子的？也许有些人还是不会满意的吧？政府和社会尊师重教是好事，但应体现在对教师价值的认识，对教师社会地位的确认和对知识的重视、对教育的重视上。而不应只是一味地给教师戴高帽子，叫喊几声美丽动听的口号！教育毕竟不是万能的，教师也不是不食人间烟火的活神。

教师是学校发展的第一资源

现代人本管理理论认为，人既是管理的对象，又是可供开发的人力资源，更是管理的目的。管理必须着眼于人的发展。只有把人的发展与资源开发融为一体，管理才是科学的、成功的。全球最大旅游公司之一罗森帕斯旅游公司出版了一本题为《顾客第二》的畅销书。该书对半个世纪以来一直被捧为金科玉律的“顾客是上帝”的经营理念进行了大胆修正，提出“员工第一，顾客第二”的新原则。他们认为，只有公司把员工当上帝，员工才能把顾客当作上帝；只有员工发展了，公司才能得到发展。

其实对教育亦如此，真正高效的管理应把教师作为学校发展的第一资源，把教师的发展放在第一位。从某种意义上讲，教师的发展决定或深刻影响着学生、学校和整个教育的发展。

一

新课程改革要求把“培养学生获得学习的能力作为教学的终极目标”，而要实现这一目标，就要树立“教师发展第一”观，培养教师做有文化底蕴的智者。只有这样，教师才能为学生提供广阔的思维空间、兴趣空间和发展空间，培养学生的创新精神和实践能力。所谓名师出高徒，也许就是这个道理。

学生是靠教师去关爱、去培养、去塑造、去熏陶的，“亲其师”才能“信其道”，任何关爱都必须经过人的传递才能显得真切、动人。

在许多情况下，教师的修养高度决定了学生的发展高度，只有“教师第一”，才有学生的第一；只有教师和谐发展，才有学生的和谐发展；只有给予教师爱，才有教师给予学生更多的爱；只有给予教师发展空间，才有教师给予学生更广阔的发展空间；只有让教师拥有人类智慧和精神的力量，才有他们托起的太阳冉冉升起。只有教育把教师发展看作第一要务，才有教师把学生成长和学校发展看作第一使命。教师不愉快，他们的学生肯定不快乐。

现在的教师压力很大，负担很重，虽说压力是动力，但仅有压力是不够的，如果教师的动力不是来源于热爱，而仅仅是来自于压力，这样的教育是可怕的。

我们不能保证给教师一个优厚的待遇，但要保证给教师一个宽松的适宜的发展空间，让教师在学校搭建的发展舞台上实现自身的人生价值，实现自己的人生梦想。

二

现代管理学认为，卓越的领导者并不过于关注自己有多少超凡的能力或独特的魅力，而是更加注重激发员工的思想，做思想的领导者。对于学校思想的领导，就要树立并坚持“教师是教育发展的第一资源”观，始终坚持“尊重教师、依靠教师、服务教师”的观念不动摇。

学校的发展归根结底在于教师的发展，教师的发展也必将带动学校的发展。只有坚持人才强校，重视教师资源的投入、开发和有效利用，维护和保障教师的切身利益，调动广大教师的积极性、主动性和创造性，依靠全体教师，才能以人为本，为教师服务，才能创造学校的可持续发展。也只有这样，才能得到教师的认可和拥护，才能发挥出管理的效益，才能实现民主治校，创建学校品牌。

一个学校的发展必须依靠一支优秀的教师队伍。教师的知名度、教学水准和科研能力等，可以直接影响到学校的生存和发展。如果一所学校有一批学术上造诣深厚、师德高尚、科研能力强，使师生员工倍感自豪的名师或学科带头人，那么他们就可以促进学校的学术整合，不仅在教育教学中起着榜样的作用，而且在其他方面也起着指导和辐射作用。

因此，构建一个具有奉献精神、凝聚力强的名师群体是办好学校的关键。学校要把“名师工程”建设作为重要抓手，牢固树立“教师第一”的理念，把教师队伍建设放在第一位，采取多种形式，培养更多的名师。

当然，把教师的发展放在学校首位的管理，不是以硬性的量化考核等管制的手段来让教师做事的管理，而是以发展的眼光看待教师成长的管理，是给教师的发展创造机会、支持教师进步的管理，是最终将推动学校和教育大发展的管理。

学校要为教师学习创造一个宽松的空间，要多给点人文关怀，为教师搭建适宜的发展舞台，营造教师的学习氛围，创造教师的学习机会，关怀教师的心灵世界，充分给予教师爱的滋润、思的疏导、行的感动、理的启迪，引导他们实现自身的人生价值，只有这样，才能齐心协力共同创造出学校辉煌的明天。

三

高质量的教育取决于高素质的教师，教师是推动教育事业向前发展的核心力量。周济部长说得好：“教育质量的高低乃至整个教育事业的成败，从根本上讲，都取决于教师队伍的素质。”没有怀抱自由思想、强健精神的教师，就没有健康向上的现代教育。

历史经验已经证明：教师发展决定着教育改革的成败。19 世纪末 20 世纪初广泛流行于西欧各国的“新教育”改革运动，由于没有新教师的积极参与而导致失败。

20 世纪二三十年代著名的美国进步主义教育改革运动，因为教师没有完全领会杜威教育思想理论的精髓，最终只能遗憾地以失败告终。

20 世纪 80 年代布鲁纳领导的轰轰烈烈的美国课程改革运动，忽略了对广大教师的有效培训和教师专业化建设，最后还是走向了失败。

所有的这些历史经验教训都在告诉我们一个事实，即是否关注与重视教师发展和培训是教育改革成败的根基。

教师发展是最终决定一场教育改革成功与否的基础，教育改革必须要把教师的发展作为其中一项异常重要的核心工作来对待。

教师富则教育富，教师强则教育强，教师自由则教育自由，教师进步则教育进步。

教师是教育改革的主力军和最根本的推进者，只有教师专业水平的不断提高才能保证高质量的教育水平。

“只有社会善待教育，学校善待教师，确立教师第一的理念，教育才能真正地走出强制与文化的压迫。只有赋予教师自由、尊严、权利，教育才可能有真正的创造力。”

所以学校必须牢固树立“教师第一”的发展资源观，充分重视教师的发展，加强教师专业化建设，高度关注教师在新课程改革中的作用。

教师不能成为教参的奴隶

教参，顾名思义只是教师教学的参考书，其作用无非是帮助教师理解和处理教材。但是，如果我们唯教参至上，对教参上的所有结论都言听计从，教参的存在就失去了其参考的价值。

多年来，我们一些老师已经习惯了依赖教参，教材的处理、教学的设计、教学方法的选择，无不喜欢照搬教参现成的东西。一旦离了这根拐杖，几乎寸步难行。于是造成一些老师成了教参忠实的奴隶。一项调查显示：如果离开了教参，有80%的教师写不好教案；有95%的教师不知道怎样给学生上课。

曾问过好多老师，比如要教一篇文章时，老师首先想到的是看看教学参考书；假如拿过来的是一篇教学参考书上没有解读的文章，很多教师就会陷入茫然。这或许就是许多教师的困境，虽然在阅读的道路上走得磕磕绊绊，离开教参这根“拐杖”的搀扶不能独立解读教材，但同时还要指导学生们学会阅读，只有“以其昏昏，使人昭昭”了。

新课程改革在语文教学上提倡尊重学生的个性化的理解。没有课堂教学的个性化就不可能有学生阅读个性化的培养。但是，如果教师只是以教参为教学的依据和标准，语文阅读又怎么可能呈现出个性化的特色？

曾听过一所学校的三位老师教朱自清的《春》这篇课文，但几乎都是按照盼春、绘春、赞春理清文章思路，都是用那五幅图（春草图、春花图、春风图、春雨图、迎春图）概括绘春内容（因为教学参考书上就是这么“图”的）。虽然教师不同，学生不同，教法却几乎完全相同，很难看到哪位教师有自己的独到之处。

于是，笔者想：假如没有教参，每位老师都去独立地解读教材，设计教学方案，恐怕就不会出现这么多的相同。毕竟每一个教师阅读教材后的感受不同。现在，因为大家都按照教参上课，顺着教参思路设计教案，教师对教材的独特体验和感受没有在教学中反映出来，结果造就了“千人一面”的课堂教学，在不经意间给语文课套上了一层坚硬的外壳，“学生从他的话里感觉到他的思想是停滞的、僵化的”，哪里还有灵动可言？

教参只是教参，它最多只是别人对文本的思考的结晶，最多能为我们的教学思路增加一些启发而已。至于是否适合自己的教学，还要看所教学生的基本学情和自己的教学风格而定，否则只能是一纸空文。“依赖”和“照搬”教参只会磨灭我们自己独特的教学体验和教学创造的灵性，只会让我们像井底之蛙那样，永远跳不出那片狭小的天地。缺少了自己对教材本身的分析和理解，缺少了自己对教材的真正的解读和观照，没有自己的真实的感情，没有独立的思考，也就没有对文章的深刻的领悟，当然也就不会出现有自己风格的老师。

新课程还提出教师既是教材的使用者，又是教材的开发者。开发就是需要教师创造性地使用教材，让教材“活”起来。这样的课堂教学才会有生机和活力，才会吸引住学生。

钱梦龙老师指出：“看一位教师是否成熟，主要标志有两条：一条是在教育思想上是不是有明确、一贯的追求，另一条是有没有独立处理教材的能力。”语文教学如果没有教师自己的思想和情感的参与，是教不好的。要想走出富有自己个性的教学之路，不能总是“东施效颦”与“鹦鹉学舌”。面对教参，一个教师如果剔除不了思想上的“奴隶”心态，就不会有课堂教学成熟的一天。

教师需要补点哲学

中国大多数教师是从骨子里轻视理论，尤其轻视哲学的。一般教师认为哲学是空洞的、哲学是抽象的、哲学是远离实际生活的，很难把它与自己的教育教学联系起来。

在一些教师培训会上，常听到一线教师这样建议："我们不需要大的教育理论，我们只想听一些操作性、针对性强的讲座。"这样的建议从一个侧面反映了一线教师对教育哲学的漠然。

哲学给我们的教育提供内在依据，本质上是人对自身思想和实践的反思。哲学就其最基本的意义而言，就是拯救日常生活，关注社会，教化人心。对哲学的学习并不是要我们成为思想者，成为哲人，但它确实可以培养我们对于生活的审视的智慧，能够提供有价值的视角帮助我们更好地思考世俗生活，使我们对人的存在与我们周遭的世界有更开阔的视野和更深刻的洞察力，提高我们在世俗生活中的主体意识与应对复杂生活的能力。

新课程改革中一些教师的不适应从根本上说是教师教育哲学的缺失，没有自己的教育信仰，不能形成自己的教育"深层建构"。而只注重行为模式的改进，把新的教育理念降格为支离破碎的教条或规则。

哲学教给我们教师什么功夫呢？分析教育的概念、命题、口号，澄清教育的价值观念，反思自己的价值立场，最终的目的是使他们成为一个成熟的教育者。哲学帮助我们去思考究竟我们在做什么，我们教育行为的意义何在，对我们自身的所作所为进行理性的说明与辩护，以便使个人与群体的活动具有一致性。教育哲学的学习就是要提高教育实践的内在精神，让我们的教育实践充满意义，创造性地实现教育的预期目标。

教育是什么？教育是一种思想和情感的传递与开启；教学是什么？教学不只是知识和技能的传授，而是一种个性与兴趣的形成和发展。教育和教学都是一种需要哲学和个性的心智活动。

教育生活的生动和实际，使得教师首先甚至唯一关注的是教育的“方法和技术”，并不问津其背后的思想基础。只关注“方法和技术”，我们教师很容易走出一条“匠技”的道路。教育家和教书匠的最大的区别就在于：前者有自己的教育哲学，有自己鲜明的教学个性，并能按照自己的思想去实践，去影响学生；而后者没有思想，总是按照别人的思想去机械地模仿、去简单地重复。

实际上，任何领域的高境界的实践者，都不会醉心于纯粹的“方法和技术”。他们会寻求具体实践领域的灵魂性的东西。把握住了实践的灵魂，一个人就是实践的主人，否则，就只是实践的奴隶。一个不懂哲学的教师，可以成为一个好的教书匠，但不可能成为教育家。美国教育哲学家乔治·F. 奈勒曾说过：“那些不应用哲学去思考问题的教育工作者必然是肤浅的。一个肤浅的教育工作者，可能是好的教育工作者，也可能是坏的教育工作者——但是，好也好得有限，而坏则每况愈下。”

贺麟先生告诉我们：轻视哲学的结果就是重视经验、迷信经验。所以中国教育的实践常常陷入到经验主义的传统里边去。不信，你看看近些年的基础教育改革，只要哪个地方创造出一个新的经验，学习者就蜂拥而至，回来后就照搬照抄，可是实践表明这样做的没有几个成功。

一位名师的观摩课上有这样一个提问：“你最喜欢读哪一段或哪一句？”马上就有些教师把它搬到自己的课堂上，既不管自己的教学内容，也不管班级的实际情况。时间一长才发现它并不是什么“神兵利器”，于是就把这一经验给抛弃了。

为什么会出现这样的结果呢？因为经验本身有局限性，经验本身有地域性，经验本身有个人性。学习别人的经验必须用哲学的眼光去分析，把别人的经验上升到理性的高度，学实质抓本质。

教师要把自己的职业关注从日常琐事转向对教育理念的反思和梳理，对“内隐理论”的审视和重构，从而形成自己的教育哲学和哲学头脑。“什么是教育”“教育要培养什么样的人”“教师需要什么样的教育信仰”，这些最本质的问题是一线教师最需要追问和反思的。这些思考均具有让教育者脱胎换骨的潜质。如果对这些问题是生疏的，那么教育实践就是盲目的。

不能“一切为了学生”

《学生第二》是李希贵先生的一本教育随笔集。当我读完这本书时，一下子被李希贵先生振聋发聩的“学生第二”的思想甜蜜地击倒。在这个极力推崇“以学生为主体，一切为了学生”的新课改时代，这个概念无疑是很有冲击力的。

李希贵的“学生第二”的管理理念并非讨噱头，而是一朵深深植根于人本管理理念之上开放出来的绚烂之花。

李希贵说：“一个时期以来，有不少似是而非的东西确实给我们的许多校长和老师带来了思想上的混乱，以至于使他们战战兢兢地面对着眼花缭乱的‘新理念’而迷失了自我。在一些学校里，看起来，他们是在直接服务于学生了，似乎把着眼点也全都放在学生身上了，但是，他们却往往很不理智地抛开了教师。……当强调学生主体学生中心的时候，我们应该把教师放在一个什么位置上？”

对一所学校来说，在教师成长和学生成长的二位一体中，如果说“学生成长”是我们的根本目的的话，那么老师的成长则是必要的前提。没有这样的前提，那口口声声的“学生第一”也只会是海市蜃楼。

但是在现实生活中，我们为了强调学生的重要性，有意无意地把教师定位为悲剧性地活着与牺牲，仅仅是为了造就学生的发展与幸福。“燃烧自己，照亮别人”的蜡烛精神早成了老师们的座右铭，“一切为了学生”更是成了大多数学校的口号。为此，李希贵大胆地说：“那种把一类人的工作视为仅仅是为另一类人献身，一类悲剧性地活着仅仅是为了造就另外一类人幸福的说法，其实已经和我们这个世界的初衷相去甚远。”

是啊！在我们倡导建立和谐社会的今天，怎能容忍把一类人的发展和幸福建立在另一类人的痛苦和牺牲之上？当我们过多地强调“学生第一”、“一切为了学生”时，恰恰疏忽了一点，学生的发展是通过教师的劳动作为中介来实现的，难道教师不希望得到发展吗？

只重视“一切为了学生”，而忽视教师的发展，对学生、学校、社会未必是一件好事。如果教师不能很好地发展自己，恐怕学生的发展也不会很理想。全国著名校长冯恩洪先生说得好：“学校里的一切如果是为了实现学生的发展，而不关心、研究教师的发展，那学生的发展就是‘有限度的发展’”，因为“教学质量的提高首先源于教师队伍的自我超越”。

所以，从某种意义上讲，教师发展是学生发展的根本，教师的修养高度决定了学生的发展高度。只有教师专业水平的不断提高，才能保证高质量的教育水平；只有教师和谐发展，才能保证学生的和谐发展；只有给予教师爱，才能保证教师给予学生更多的爱；只有给予教师发展空间，才能保证教师给予学生更广阔的发展空间；只有让教师拥有人类智慧和精神的力量，才能保证他们托起的太阳冉冉升起。没有教师的发展，即使是再完善的教育改革计划，再动听的口号，也绝对不会最终成功。

李希贵说:“让每个人都感到自己重要!”校长要使得“每个教师都感到自己重要”,只有教师正当、合理的需要得到了满足,他才能全心全意地投入到教育教学工作当中去,才能让“每个学生都感到自己重要”。——我认为,这是李希贵“学生第二”的思想精髓。在许多情况下,只有学校管理者树立“教师第一”的理念,才能保证教师树立“学生第一”的意识。理想的教育发展模式应该是让师生在同一片蓝天下共同成长,和谐成长!甚至于应当追求一种首先基于教师成功的发展模式。华东师大二附中何晓文校长说得好:“校长的职责是让每位教师成功,让每位教师的价值得到提升,这是学校管理的最高境界。从学校层面来讲,如果所有教师都成功了,那么学校就能成功。如果所有学校都成功了,那么,中国的教育就能成功。所以,校长要把教师放在第一位,让教师与学校同步成长,这样才能实现双方的‘共赢’。”

愿中国所有的教育管理者都来读读这本书!

教师成长：逼出精彩

有一书法爱好者经常用废报纸习字，虽然勤学苦练，但进步甚微，他百思不得其解，就去请教一位著名的书法家。那书法家说："如果你用最好的纸来写，你可能会写得更好。"那人很奇怪地问为什么，书法家笑而不答，只写了一个"逼"字，那人顿悟，这是让他惜纸如金，强逼自己写好每一个字。后来，这位书法爱好者果然大有进步。

人生的进阶，有时候"竟一个'逼'字了得"。"逼"字，是长了脚的"一口田"。"一口田"旁边有神的保佑，就是"福"。"一口田"上面加个屋顶，表示有房有田，就是"富"。一切成功皆与"逼"字有缘。教师只有敢于"逼"、善于"逼"自己，才能超越自己、走向成功。

记得有这样一则外国谚语：如果你想翻墙，那么请先把你的帽子扔过去。意思是说，当你想翻过一道很高很高的墙时，你把帽子扔过去了，这样就会想方设法翻过去。因为你的帽子在那边，你已经别无选择了。某人对一条平常绝不敢跳的深沟，竟然能一跃而过，那是因为身后有野兽紧紧相逼。

纵观国内外教育名家的成长历程，我们不难发现：他们不仅“逼”自己专心于每天的日常教学事务，细心观察与思考教育教学中的问题，认真阅读教育教学理论专著，同时还“逼”自己把所思、所得写出来与同行探讨，再兼收并蓄，吸纳同行与读者的不同观点，逐步完善并形成自己的一套教育理论。

虽然让每个教师都成为教育名家是不可能的，但若是我们“逼”自己养成“读书、实践、反思和写作”的习惯，则能有效地改变行走方式，实现教师专业发展的提速，成为教育专家总是相对容易达成的。

想成就一番事业，没有持之以恒的精神是不行的。“干不好”、“没时间”，其实多为懒惰的遁词，因为人太容易做懒惰的俘虏了。仔细分析一下身边的教师，我们非常遗憾地发现：不少教师身上还潜伏着根深蒂固的惰性，常常安于现状，贪于安逸。不思进取，无为度日，自己迁就自己，自己糊弄自己。尤其是取得中高级职称以后，更是固步自封，不读书、不思考，更不愿反思、总结与写作，于是不足之处难以修正，对新方式、新理念的理解与接受变得越来越迟钝，甚至抵触，其教育教学水平停滞不前，几十年如一日，平庸的职业生涯造就了一个个传统意义上的“教书匠”。

我们要根除这一顽疾，灵丹妙药便是一个“逼”字。其实，每个教师的潜能都是无穷的。从某种意义上讲，一个人的生命质量和事业成就，都是“逼”出来的。

作为教师，有“他逼”（外部环境和他人逼自己）是一种幸运，要敢于喊出“爱我，就逼我吧”！而“自逼”则是一种大智慧和大境界，逼一逼自己，你会发现自己身上竟蕴藏着丰富的潜力；逼一逼自己，你会发现自己也会创造许多意想不到的奇迹。

老师啊，珍惜一个“逼”字吧！“退一步，山穷水复；逼一逼，柳暗花明。”

我们真的没有发展自己的时间吗？

《课改导刊》2008 年 3 月 12 日刊发了孙国峰老师的文章《敢问路在何方——从一个普通教师的一天说开来》，文中诉说了他工作忙碌，身心疲惫，根本没有专业发展的时间。可以说，孙老师的困惑也是中国很多教师面临的困惑，具有典型性。几年来，我与不少地方的老师就专业发展问题进行过交流，我听到了老师们太多的“忙”与“累”的诉说。——“备课、上课、批改作业、家访、处理学生，还要做家务、奉养老人和教育自己的孩子等，几乎占去一天所有能支配的时间，即使不睡觉，一天 24 小时全用上，也感觉时间紧张，哪还有时间去读书和进行教学反思？”

作为一个长期工作在教学一线的老师，我非常理解当今教师的辛苦。但问题是：在现行体制下，我们真的没有发展自己的时间吗？以下几个问题不妨问一问自己：

一、你有计划和目标吗？
——方向比努力更重要

为什么做计划？这是因为计划可以给出方向，减小变化的冲击，使浪费和冗余减至最少，以及设立标准以利于控制。而缺乏计划则会走许多弯路，从而使实现目标的过程失去效率。计划可以减小不确定性，它还使我们能够预见到行动的结果。计划还可以减少重叠性和浪费性的活动。在实施之前的协调过程可能发现浪费和冗余，进一步，当手段和结果清楚时，低效率的问题也就暴露出来了。最后，计划设立目标和标准以便于进行控制，如果我们不清楚要达到什么目标，怎么判断我们是否已经达到了目标呢？在计划中我们设立目标，而在控制职能中，我们将实际的绩效与目标进行比较，发现可能发生的重大偏差，采取必要的校正行动。没有计划，就没有控制。

当有的老师抱怨一天的时间都不知道在忙些什么时，我们即可断定，他们没有为以后几个月和以后几年做出计划，没有确立自己的发展目标，抱着得过且过的态度。如果教师不知道自己的价值追求是什么，那么工作也就失去了任何意义。

生活要有目标才有意义。要想有一个充实快乐和有意义的过程，就要清楚你到底要的是什么。没有大到不能完成的梦想，也没有小到不值得设立的目标，只有朝着确定的目标行动，才能有成功的希望。忙碌可以使我们的生活充实，让我们回忆起来觉得自己对得起时间对得起自己，但如果你只是为了不闲着去忙，只是为了向人表明自己“很重要”而去忙，那么无知的谎言往往就会欺骗你的心灵。

话说唐贞观年间，在长安城的一个磨坊里，一匹白马和一匹黑马非常要好。后来，白马被唐玄奘选中，上西天取经去了。17 年后，白马载誉而归，回来看望黑马。白马说起一路的见闻，黑马非常羡慕，惊叹道："你真了不起，这么远的路，我想都不敢想。"白马却说："其实我们走的距离是差不多的，我向西域前进的时候，你也一步没有停止。但不同的是，我有一个遥远但清晰的目标，而你却被蒙住了眼睛，一直围着磨盘打转。"看着往昔同在一个屋檐下的穷伙计如今名扬天下、衣锦还乡，黑马不由得自惭形秽。

没有明确的目标就永远不会达到成功的彼岸。目标对人生有着巨大的导向性作用，成功在一开始仅仅是一个选择。其实，我们许多教师都像那匹黑马，虽然天天忙忙碌碌，但始终是在原地打转。通常，我们的悲剧不是无法实现自己的目标，而是不知道自己的目标是什么。成功不在于你身在何处，而在于你朝着哪个方向走，并能够坚持下去。缺乏长远目标，会让我们把精力放在琐碎的事情上，而琐碎的事会使我们陷入忙碌，忘却最应该做的事。因此，我想说：一位教师，无论年龄大小，他真正的教育人生是从设定目标的那一天开始的。

二、你懂得时间管理吗？
——管理的本质是追求效率

中国中小学教师的忙与累，抛开体制因素，一个严肃而又严重的现实不容忽视，那就是：中国绝大部分中小学教师管理知识和管理能力欠缺，更没有时间管理的意识。教师教育教学本身就包含着要不断"发展自己、提升自己"的责任，教师在教学生学习的过程中发展自己也是可以做到的，"教学相长"就是这个道理。教师把教学和发展分割开来，试图专门划分出一段时间用于发展，这种认识既是"可笑"的，也是"不现实"的。

管理是一门科学，本质就是追求效率。但在很多教师的思想里存在一个误区，那就是：管理是领导的事，普通教师根本不需要管理学。其实，每个人都是管理者，人人都需要管理学。比如我们教师，就需要与时间管理、课程管理、班级管理、信息管理、项目管理、情绪管理、生活管理等打交道。教师如果不掌握这门学问，往往就会靠运气、靠直观、靠过去的经验办事。而有了系统化的管理知识和能力，教师就有可能对工作上存在的问题找到可行的正确的解决方法。

管理大师彼得·杜拉克有句话说："时间是世界上最短缺的资源，除非善加管理，否则一事无成。"其实，管理时间的本质就是如何在常量的时间里提高效率，管理好自己，因此，所谓的"时间管理"就是"效率管理"和"自我管理"。我到很多地方讲课时，都爱讲："如果我是师范院校的校长，我将给所有的师范生开设一门《时间管理学》。"因为，我越来越发现，许多老师根本不懂时间管理，在忙忙碌碌中造成时间的严重浪费，导致原本只要5～7个小时就能办完的事情被稀释到了10个小时之中，结果工作极其低效甚至无效。

时间会飞翔，而人是驾驶员。谁掌控了自己的时间，谁就掌控了自己的未来！只要你善于时间管理，你的一天将是48小时，而不是24小时。

珍惜时间的第一步是盘点时间，看看自己的时间是如何利用的，有没有出现浪费时间的现象，在单位时间内效率高不高。不清楚自己的时间的利用状况，就谈不上对自己时间的珍惜。只有对自己时间的利用比较清楚，对自己时间的珍惜才可能有效到位。

我们常常羡慕一些名师，但他们也没有生活在真空状态中，照样受着体制的约束。难道他们就没有应试的压力？据我了解，许多名师所在的地方应试压力比我们还大，尤其是一些高中的名师。同样是在这个体制内，同样都面临着应试的压力，同样每天走路，为什么别人能走向成功而我们不能呢？

有不少教师认为，名师之所以成为名师，是因为他们可能有高超的智力、钢铁般的意志，每天过着“三更灯火五更鸡”、“头悬梁，锥刺股”、苦行僧般的生活。其实恰恰相反。近些年来，我和不少名师在网上有过交流，发现他们很会享受生活，每天并不比我们辛苦到哪里。

同样是一双手，为什么有的人能有条不紊地处理好各种事情？同样都有 24 小时，为什么有的人却能将这 24 个小时当作 48 小时来使用，并且在完成工作的同时，还能从容惬意地享受生活？这一切的关键就是时间管理的法则。

有这样一个故事：

一

朋友要在客厅里挂一幅字画，便请邻居来帮忙，字画已经在墙上扶好，正准备砸钉子。邻居说：“这样不好，最好钉两个木块，把字画挂在上面。”朋友听从了邻居的意见，让他帮着去找锯子。刚锯了两三下，邻居说：“不行，这锯子太钝了，得磨一磨。”于是邻居丢下锯子去找锉刀。锉刀拿来了，他又发现锉刀的柄坏了。为了给锉刀换一个柄，他拿起斧头去树林里寻找小树。就在要砍树时，他发现那把生满铁锈的斧头实在是不能用，必须得磨一下。磨刀石找来后，邻居又发现，要磨快那把斧头，必须得用木条把磨刀石固定起来。为此，他又出去找木匠，说木匠家有现成的木条。然而，这一走，朋友就再也没有见邻居回来。当然，那幅字画，朋友还是一边一个钉子把它钉在了墙上。第二天朋友再见到邻居的时候是在街上，他正在帮木匠从五金商店里往外搬一台笨重的电锯。

忙者，心亡也。太忙则心死。做任何事情要明确你的目的，不要为了忙而忙，到头来白忙一场。“不识庐山真面目，只缘身在此山中。”现在问问自己为什么而忙？忙并不等于充实，想要过充实的生活是并不需要多忙的——忙是没有效率的人的托辞。我们需要给教师减负，但比减负更重要的是提高效率，减少无用功。效率提高了，负担自然就减下来了。很多时候，选择方法和提高效率比努力更重要。选择了一个正确的方法，就会节约时间、提高工作效率。而要想拥有这一能力，只有提高专业化水平一条路可走。事实上，教师的忙和累，与其说是由工作压力所致，不如说是没有充分专业化的必然结果。当教师专业化程度低的时候，必然造成其工作效率的低下，职业与教师个体生命之间必然产生断裂并构成紧张关系，这种紧张关系，正是职业倦怠的根源。

我们要做的事情有很多，如果眉毛胡子一把抓，只会把自己忙得焦头烂额。最聪明的做法，就是把十分有限的时间用在刀刃上，发挥时间的最大功效。帕累托法则（又叫 80/20 原则）告诉我们：20%的时间可以完成 80%的工作；或者完成 20%的工作就能达到 80%的绩效。所以，我们要通过选择正确的方法，优先做重要的事情，再做次要的事情。优先保证最重要的事的时间，就能优先保证做好最重要的工作，从而能够从大局上控制时间的价值。例如，对要做的事情分类，如 A 类、B 类、C 类，A 类为自己必做的，B 类为请他人代做的事情，C 类是不必做的事。A 类中又可以分为 A1、A2、A3 等各种级别。分清事情的轻重缓急，优先做好最重要的事。一次只做一件事情，一个时期只有一个重点。学会抓住重点远离琐碎。

发展自己，不是有没有时间的问题，关键是怎么利用时间的问题。除了上课之外，难道剩余的不都是属于自己的时间吗？如果你学会时间管理，能在上班的期间处理好自己的一切教学事务，那么你的工作也是有序和有效的。如果你一直觉得时间不够而又不去改变安排时间的方式，那么一天再多 24 小时，对你来说也还是不够的。朱永新老师可以每天抽出两个小时读书学习，我们不会比他更忙，我们也完全可以有时间读书学习，发展自己。无论在哪里，时间都是自己的，关键是如何管理时间，提高效率。

三、你懂得分工和授权吗？
——相信学生就能解放自己

在管理上，老师大可不必面面俱到，越俎代庖。教师可以将日常的学生事务交由学生自己管理，充分信任学生，这样可以大大减少教师无谓的时间投入。若老师一人“兼任”生活保姆、警察、文体委员……则往往心力交瘁，事倍功半甚至得不偿失。

对孙国峰老师“一年中最平常的一天的活动记录”，笔者择其一部分斗胆点评一下：

6:20：带领住校学生吃早餐。学校餐厅的粥很好喝，间或与同事聊几句。（每天带领住校学生吃早餐是否有必要？目的和意义何在？为什么不让学生自己去？试想：吃早餐都需要老师天天带领的学生将来如何步入社会？把爱心和时间浪费在这里实在可惜。）

6:40：检查卫生。作为班主任，到班里检查督促。（一看就是保姆型的班主任，为什么不让学生自我管理？老师事必躬亲的精神固然可敬，但分工授权、“垂拱而治”的管理方式更为合理科学。）

13:30：来了部分试题，要帮忙去搬上来，来来回回用了半小时。（这不可能是每天必做的常规工作，也不会是普通老师的职责。必须自己亲自去搬吗？必须马上搬吗？为什么不让学生帮忙？作为班主任，应有意识地培养学生热爱劳动的习惯。）

所以，作为教师，尤其是班主任，要分清哪些工作是可以自己分工和授权的，该减则减，该丢则丢。孤军奋战的苦与累，想必每一位老师都体会过，但未必每一位老师都能醒悟。其实，老师的许多工作完全可以让几十个学生分担。有人管卫生、有人管做操，有人管字词默写……有多少事情就有多少学生来管，各管一项，负责到底。人人参与管理，同时人人接受管理。管理因时而动，权力彼此制约，而老师退居幕后，处于一个驾驭、服务的位置，充当“仲裁者”角色。如此管理，教师如何不轻松？教师充分信任学生，积极分工和授权给学生，能够产生如下重要效果：

1. 事半功倍。可以借助学生的力量，完成很琐碎、很累人的杂务，让教师如虎添翼。

2. 教师因此而能有充裕的时间处理真正重大的、紧迫的或自己感兴趣的工作。

3. 充分挖掘学生事务的育人价值。通过授权给学生，可以锻炼他们的领导能力、沟通交流能力、遇事的应急能力，将学生干部的岗位锻炼为平台和载体，促进学生综合素质的提高。

既然优点如此多多，利人利己，为何中小学教师之中真正授权给学生者少之又少呢？原因在于教师不信任学生，加上害怕失败、出乱子等心理因素，致使他们事必躬亲，总是觉得自己动手比较踏实，而且对自己的能力和精力过于自信，结果是成日“俗务”缠身，搞得自己精疲力尽，还得不到学生和同事们的理解。在这种情况下，教师是很容易走向职业倦怠的。

实际上，学生潜在的组织能力、管理能力更是不可低估的。教师只要对授权问题的若干因素详加考虑，做好科学和充分的准备，是完全可以发挥授权对自己和学生的好处的。

首先，应该对各项工作目标和既定任务，按照轻重缓急，敲定优先完成的内容。

其次，将那些较为琐碎、以学生目前的能力可以办到的任务交给学生代为执行，并在学生做这些工作的过程中接受他们的咨询；而那些优先级别的任务则由自己亲自完成。

再者，教师应该知人善任，根据学生的专长和特点，分派给他们适合的任务。在派发任务时，要对工作的性质、范围、目标等有明确的说明，并要求学生有反馈以确认他们已知晓。当每一个学生都以主人的姿态与老师协力建设班集体时，老师还会感到累吗？老师的工作一旦减肥消肿，老师的精力会更集中，其工作目标更明确，工作效率也会明显提高。即使对属于老师分内之责的教学事务，老师也不应该一手包办，而应授人以渔，教给学生方法，让学生学会自我学习和自我教育。

四、你知道“一举两得”的法则吗？
——“花公家的时间办自己的事”

一举两得、一石多鸟，在同一时间内干成多件事，也是提高效率的妙招。比如：魏书生老师非常善于“花公家的时间办自己的事”，他把锻炼身体放在课间操时间，与职工和学生一起做操，这样就不用再专门去找锻炼身体的时间，提高了单位时间的利用效率。但在不少学校的课间操时间，我常常看到我们的班主任站到学生的队伍后面充当监工的角色，却不知利用这个时间锻炼自己。还有薛瑞萍老师，在学生上自习时，她自己也从来不闲着，总是拿一本书读，时间一久，反而带动了学生的阅读兴趣。再比如，现在很多学校都有语文早读，但大多数语文老师只知道指导学生背诵，而忽视了这一时间也可以很好地提高自己。几年来，笔者正是利用这个时间背诵了《论语》《道德经》《唐诗三百首》《宋词三百首》《莎士比亚十四行诗》等，现在正在背诵《古文观止》。总之，这一方式极大地丰厚了我的文学底蕴。

虽然不少学校要求坐班，但没有规定你一天 8 小时只能上课、备课和改作业。课后坐在办公室里，除去备课，没有人规定我们不能看看教育理论书籍和读读报纸杂志甚至上网搜索教育信息；除去批改作业，没有人规定我们不能写班级管理感悟和教学反思。时间从哪里来，关键在自己。发展自己有无时间，完全取决于教师的全部活动是怎么安排的。

五、你知道怎样用一生来备课吗？
——用阅读修炼上乘内功

既要强调优先重要，又要强调长远重要，这是“时间管理学”的突破性理念，也是现今“时间管理学”的核心精髓。长远重要法则，把时间管理上升到了战略高度。强调长远重要，即强调做“不急迫却重要而长久的事”。生活中有很多事情，虽然不是眼前最急迫的事情，但是对于长远、大局来说却是意义重大的大事。比如读书，读不读书，眼前看不出多大差别，但是对于长远来说却极为重要，有些老师常常吝啬于在这类事上花费时间，结果造成教育教学“年年岁岁花相似”，长年没有进步。

乍看起来，读书只会更浪费时间，细一品味，才觉其实不然。每天读书，持之以恒地读书，可以不间断地扩充我们知识的大海，提高我们的素质，使我们掌握更多的教育理论和教学方法，从而更好地进行工作。科学合理的教育方法，最终结果是提高了效率，不仅为自己赢得了时间，同时也为学生赢得了时间。在《给教师的建议》一书中，苏霍姆林斯基记述了这样一件事：

一位有30年教龄的历史教师上了一节公开课，上得非常成功，吸引了所有的听课老师。课后，一位教师对这位历史老师说："您把自己的全部心血都倾注给自己的学生了，您的每一句话都具有极大的感染力。不过，我想请教您：您花了多少时间来备这节课？不止一个小时吧？"那位历史老师说："对这节课，我准备了一辈子。而且，总的来说，对每一节课，我都是有终生的时间来备课的。不过，对这个课题的直接准备，或者说现场准备，只用了大约15分钟。"

其实，终生备课，就是每天不间断地读书，增加我们的底蕴，储备能量，等要用的时候，随时随地信手拈来，不是节省了时间了吗？

做教师就是做学问，就是从学问中感受生活的快乐，教育的幸福，人生价值的轻舞飞扬。我非常欣赏一句广告词："平时注入一滴水，难时拥有太平洋。"做教师，就要不断地学习，不断地充电，广积精神食粮。学生超越教师，是教育的成功，也是教育的希望；然而如果教师太容易被超越，我看则是教育的悲哀。想让学生多读书，教师首先应当多读书，自觉地多读书。一位教师，只有不断地进德修业，把自己的工作和学生的成长结合起来，让自己成为学生的表率，才能得到学生的敬重，才能让学生成为真正的人。然而恰恰在这一问题上出现了令人尴尬的局面。很多教师教了十年二十年的书，教育教学的经验和技能还停留在当年的那个层次和水平，用当年的技术和思想对付现在的要求与挑战，难怪很多教师总是抱怨教育忙、教育累。

年轻的时候看过不少武侠小说，我知道真正的武林高手随手使出的就是致命的绝招，因为他的内功已修炼到了最高境界。没练好内功，一心想出绝招，出来的，都是花拳绣腿。对一个教师来说，读书就是练内功，这个功不是靠别人给的，是靠自己修炼出来的。像苏霍姆林斯基说的："每天不间断地读书，跟书籍结下终生的友谊。潺潺小溪，每日不断，注入思想的大河。读书不是为了应付明天的课，而是出自内心的需要和对知识的渴求。如果你想有更多的空闲时间，不至于把备课变成单调乏味的死抠教科书，那你就要读学术著作。应当在你所教的那门科学领域里，使学校教科书里包含的那点科学基础知识，对你来说只不过是入门的常识。在你的科学知识的大海里，你教给学生的教科书里的那点基础知识，应当只是沧海一粟。"这样修炼，怎能不成为"教林高手"？

六、你掌握现代信息技术了吗？
——"工欲善其事，必先利其器"

一个伐树的工人每天工作10多个小时，可他发现自己的伐树数目却日渐减少。他开始想，一定是自己的工作时间不够长，所以他除了睡觉和吃饭，其他的时间都用来伐树。但，他每天伐树的数目反而有减无增。他迷惑了。

一天，他把他的苦恼说给他的主管听，主管看了看他，再看了看他手中的斧头，若有所悟地说："你是否每天用这斧头伐树呢？"工人认真地说："当然啦！这是我从开始伐树工作以来，一直不离手的工具呢！"主管关心地问他："你有没有磨利这把斧头再使用它呢？"工人回答他："我每天勤奋工作，伐树的时间都不够用，哪有时间去磨利这把斧头？"

主管接着说："你可知道，这就是你伐树数目每天递减的原因？你没有先磨利自己的工具，又如何能提高工作的效率呢？"

在大多数中小学教师的一生中，总有某些时候曾经像这个伐木工人一样，因为过于沉溺于教育教学之中，而忘了应该采取必要的措施使工作更简单、快捷。工欲善其事，必先利其器。在信息时代的今天，只要是有利于提高工作效率的现代工具，都要大胆地采取"拿来主义"，为我所用。一个不能掌握现代信息技术的人，已经成为新时代的另一类文盲。正如许锡良教授所言："现在从不上网的教师，不是好教师。"

常常听到老师抱怨资源匮乏，当地缺少开放的图书馆和购买不到专业的书籍，聆听不到专家和名师的报告……我们真的"资源匮乏"吗？不！这是一个资源极及丰富的时代，只要你拥有先进的"工具"——电脑，你只需轻点鼠标，就会有用不完的珍宝，让你足不出户，获取海量信息。想购买专业图书吗？没问题！卓越网、当当网应有尽有，而且价格便宜、还送货上门。想"聆听窗外声音"、与全国同行交流吗？我们可以通过QQ、论坛、博客等多种形式，在网上直接与大师专家对话、与优秀教师交流。总之，掌握现代信息技术能够进一步提升教学的有效性，使工作质量更上一个台阶！

七、你懂得"舍与得"的智慧吗？
——有所为有所不为

人在世上活着也就是一舍一得的过程。会活的人，或者说取得成功的人，其实懂得了两个字：舍得。舍得舍得，有舍有得；得中有舍，舍中有得；大舍大得，小舍小得，不舍不得；要得便须舍，有舍才有得。成功的选择，来源于明智的放弃。西方也有句谚语：聪明的人知道如何获得自己想要的东西；而真正有智慧的人则知道如何放弃自己并不想要的东西。追求得，是人生的大课程；学会舍，是人生的大智慧。作为教师在追求“得”的同时，是不是应扪心自问：我们舍弃了什么？我们准备舍弃什么？

非洲土著人抓狒狒有一绝招，故意让躲在远处的狒狒看见其喜爱的食物被放进一个口小里大的洞里，等人走远狒狒就去洞里拿食物，但由于洞口太小，它的爪子攥成拳头后就无法抽出来，等到猎人来了它也不会放下食物逃走。只要狒狒撒手，把食物舍掉就能逃走，但是它太贪了，舍不得到手的食物，却把自己的自由甚至生命舍去了。

有时人也是这样。人的一生也是有舍有得，有时候你只有舍去一些才会得到你想要的。这个世界，大多情况下，是熊掌与鱼不可兼得。所有美好的东西都想到手是不可能的！

要学会把握自我，做自己的主人，不做他人和名利的仆人，不要刻意地寻求外在的奖励和肯定。尼采认为，强者有认识的自由，而只有弱者才生活在欺骗之中。真正的强者才能真切体验到人生的意义，从人生的痛苦中发现人生的快乐。

很多情况下，人们之所以会感到压力，乃是因为他们对待周围事物的心态有问题。熙熙攘攘的人群，一为名来，一为利去。追求名利也可以成为前进的动力，但不要为名利所累。当你被名利二字蒙蔽了双眼的时候，便踏上了摇摇欲坠的奈何桥了。如果教师对待教育教学过程中的每一件事情都有强烈的“占有欲”，对于每一次的评先进、评职称、评优秀、晋升机会和进修机会等都怀揣“必得之而后快”的心态，那么由此所带来的压力之大也就可想而知了。

“鱼，我所欲也；熊掌，亦我所欲也。二者不可得兼，舍鱼而取熊掌者也。”有些教师天生个性要强，就是要兼得鱼和熊掌才能满足。实际上这是做不到的。如果一味追求自己做不到的事情，那么不仅没有快乐可言，而且非常容易陷入职业倦怠的泥潭之中；如果选择毅然放弃这个虚幻目标，取得自己真正想要而且可以得到的“熊掌”，而舍弃对自己没有多少价值而又无法兼顾的“鱼”，那么必将会如释重负、轻松多了。教师不要总是怀着羡慕其他行业从业者的心态，要相信“行行出状元”，即使自己不是教师职业中的“状元”，那么，平静地接受现实，教好书，育好人，与几十个活泼、充满朝气的生命体一起体味生活，看着他们健康、主动、快乐地发展着，在轻松自如的潺潺生活流水里，体验着从身边滑过的每一股风，每一阵雨，与生活交心，不也是很快乐的事情吗？

我们完全可以不这么忙与累！寻找几缕闲暇，安然坐于湖畔山边，看夕阳落下，看朝阳升起，悠然而飘逸，“宠辱不惊，看庭前花开花落；去留无意，望天外云卷云舒。”

八、你知道控制自己的情绪吗？
——坚持现在就做

要学会控制情绪，而不是让情绪来控制你！如果没有积极兴奋的情绪，掌握多少时间的管理法则技巧也无济于事。聪明的教师总是坚持现在就做。当你产生了厌倦怠惰的情绪时必须及时除掉这些情绪的垃圾，否则时间必遭浪费。

许多教师习惯“等候好情绪”，花费很多时间“进入状态”，请记住：栽第一棵树的最佳时间是20年前，第二个最佳时间是现在。不能等大环境改善了再去发展自己，而是要努力从能改变的地方去改变。西部有西部的优伤，东部有东部的无奈，净土永远只在你我打扫过的那片土地！“黑夜给了我黑色的眼睛，我却用它来寻找光明”，我们的眼睛是用来寻找生活中的美的。工作上的成功与失败都是正常的，不要给自己套枷锁，我认为现在的教师压力多半来自自己，要允许失败，不可能什么都完美，只要认真去做了，就是成功。心态放松了，自己也就解放了，心理上解放了自己，才能真正提高工作效率。

很多事情都是我们可以选择的，改变一下，结果就会有所不同。会不会为职业倦怠所累，实质上取决于选择一种怎样的生活和工作方式。“你无法防止忧愁的鸟儿从你头顶飞过，但你却能阻止它们在你的头发里筑巢。”其实，发展中最大的障碍不是别人，正是我们自己。

我们来看一个故事：

琼斯在一家公司里干了15年，从未被提升过。这时，部里来了一个精明的小伙子，1年后便提上去了。琼斯很生气，他找到经理，对他说：“我干这工作已有16年的经验，可是刚干了1年的新手却爬到我头上了。”“很抱歉，琼斯先生。”经理耐心地回答，“但是你并没有16年的经验，你只有1年的经验，只不过你把它用了15次而已。”

这位经理的话发人深省。如果我们年复一年地走老路，岂不就是琼斯先生吗？如果你总是一遍又一遍地复制自我，你收获的多半就只是疲惫和焦虑，永远做不成快乐明哲的老师。

快乐的前提是明哲。多年来，我总是劝接触过的老师，“想象自己，面对自我”，可是我总看到有一种极其强大的习惯势力引导老师们回避自我，诉诸外因——用环境解释自我，把自己的不发展归因于环境。都是体制惹的祸，都是考试造的孽——老师们特别喜欢沿着这样的思路情绪化地想事情。其实，这是一种自我欺骗。外因当然重要，但是在同样的外因下，为什么有人就和我们不一样？这才是我们应该思考的重点，这才是我们行动的起点。王晓春老师说：“10个中小学教师中能有1个人认真地这样思考（10%），教育形势就会大有改观。可惜，目前的比例远没有这么大。”

不少老师总是把自己看成一块泥巴。如果有人问：“您怎么这副尊容呀?”往往就心安理得地回答：“人家就把我捏成这个样子的呀！我有什么办法?”老师啊！不是这样的。只会适应环境，那是动物的特点。我们是人类，我们有主观能动性，有主体性，我们可以在一定程度上选择自我，设计自我，实现自我，我们还可以在一定程度上反作用于环境。所以，主体性的缺失，是我国教师心理的最大问题。

如果你是一个做事思前想后，犹豫不决的人，那你想一想设计自己是不是浪费了时间又加大了工作压力？改掉这个毛病不是一朝一夕的事情，可悲的是有很多人并不知道自己有这种坏习惯。

非常不幸的是，经常有一些人习惯于将自己的工作推给别人，如果你太软弱没有说“不”的习惯，你将花大量时间去完成别人的工作，这种状况会影响你的心理健康。因为唯唯诺诺的人总是感到愤怒、迷惑、被利用，更糟的是连他们也不知道为什么自己会变成这样。

不要被无聊的人缠住，也不要在不必要的地方逗留太久。我们要有勇气对别人说“不”，对不合理的要求说“不”。坚持是自己要行动而不是别人要行动，不要把前途放在别人的嘴巴里或者眼神里，也不要放在别人是否比自己强上，而要放在自己一点一滴的行动上。我们不能仅仅为别人的评价而活着，而要通过专业发展和成就学生去书写自己的生命轨迹！成就学生的同时也成就自己；让学生精彩的同时也让自己精彩！

精选朋友。多而无益的朋友是有害的，他们浪费你的时间、金钱、精力和感情，甚至会危及你的事业，要和有时间观念的人来往。

避免争论。无谓的争论不仅影响情绪和人际关系，还会浪费大量时间，往往解决不了问题。说得越多做得越少。

积极休闲。不同的休闲会带来不同的结果。积极的休闲有利于身心的放松、精神的陶冶和人际的交流。

提前休息。在疲劳之前休息片刻，既避免了因过度疲劳导致的超时休息，又可使自己始终保持较好的竞技状态，从而大大提高工作效率。

搁置的哲学。解决不了的问题记在心里，由潜意识去解决，不要钻牛角尖。

另外，在工作之余要保证充足的睡眠、保证供给自己足够体能的健康食谱、保证经常性的户外锻炼，同时增加与家人朋友共度的时光。花时间去休息和享受家庭生活，不但能够消减压力事件的绝对数量，而且可以运用社会支持系统去抵抗已经形成的压力。

九、你善于利用时间的“边角料”吗？
——学会找时间和挤时间

所谓边角时间就是指别人认为不值得关注、但确实可以利用的所有零散时间！每天将这些饭前茶后的些许时间串连在一起，一定是个不小的数字，可能是一小时，甚至更多。人们研究发现，凡是善于学习的人，必定是善于利用边角时间的人；相反，凡是不善于学习的人，一定就是生活中不善于利用时间的人。

边角时间的概念可能是魏书生老师提出来的。一天晚上放学时，魏书生发现全校一起放学，很多同学到车棚去拿车，于是有的人往里进，有的人往外出，为了调一个车头，有时要花一刻钟时间，于是他就要求自己班级的同学迟五分钟再去推车，在这五分钟里，只要他们背诵一个单词或者一个知识点，学生印象当然非常深刻！随着放学的高峰期过去，他们班的同学很轻松地就把车推出来了，并且不会比平时迟到家！

善于利用边角时间，可以使我们成为时间的富翁。在生活工作中有很多类似这样的时间段：等车、等人、饭前、早读、自习课、下班前、入睡前等等，比如李镇西老师就利用坐飞机的两个小时读完一本书。确实很多老师都不太关注这些零碎时间，但我们总结后会发现，一天当中确有很多这样的时间被我们浪费掉了，如果我们能抓住这些时间，可以做很多事！一天如此，一周呢？一年呢？想想真是不得了，赚大了！换句话说，我们变相地把自己的生命变长了！

其次，也可以从工作方式上挤时间。鲁迅说过：时间就像海绵里的水，你愿去挤，总还是有的。

前一段，在一本杂志上曾看到这样一则小故事，非常能说明问题，拿来与大家分享：

老师在桌子上放了一个罐子，然后装进鹅卵石，问他的学生："这罐子是不是满的？""是！"学生回答道。老师又拿出一袋碎石子，从罐口倒下去，问："这罐子现在是不是满的？"学生沉默。老师又从桌下拿出一袋沙子倒进罐子里，再问学生，"这罐子是满的吗？""这下真的是满了。"学生回答。老师又从桌底下拿出一大瓶水，把水倒在了看起来已经填满了的罐子里……

这故事启示我们：无论工作多忙，行程排得多满，只要督促一下自己，还是可以挤出时间多做许多事情的！例如：上完课后及时写教学后记；要交的计划、总结，立即着手写不要拖延；每天晚饭后挤出看电视的时间阅读半小时；睡觉之前回顾一下今天完成了哪些事情，明天计划要做哪些事，并记在小本子上……

生活中我们不少老师常常抱怨：忙死了！以为自己就是那世界上最忙碌的人，工作安排得好像满满的，殊不知是时间管理的缺失遮掩了自己的双眼，被现实世界的“没有时间”一次次地欺骗，许多能做的事情想做的事情，在这样的欺骗中不了了之。

心动不如行动，行动贵在坚持。不要把前途放在过去或者未来，而要放在今天的行动上。每天挤出一点点时间，就是领先的开始。每天进步一点点，就是成功的开始。每天创新一点点，就是卓越的开始。

南怀瑾曾有一个学生，是学理科的，凡事都讲究科学的严谨和精确，老师和同学都以为这样的人将一生与风雅无关。有一回，这个学生听见老师弹古琴，觉得很好，表示他也要学，不过因为时间紧张，每天只能挤出 10 分钟练习。“真是一个科学怪人！”南怀瑾和其他弟子都笑了。10 年之后，所有弟子中，科学怪人的古琴弹得最好。因为 10 年中间，这个学生每天练习 10 分钟，一分不多，一分不少。南怀瑾长叹：日积月累的功夫伟大到令人敬畏！

细微之处见风范，毫厘之间定乾坤。对于我们每个人而言，每天挤出 10 分钟应该不成任何问题，但我们常常不在乎这些边角时间，结果造成与别人发展的时间差越拉越大，而最后只有羡慕别人成功的份儿了！

总之，要在任何一种职业上取得成功，首先就要从自己身上找原因。毕竟，我们最容易也最有效地影响的变量就是我们自己。我相信，感觉没有时间发展自己的老师如能经常思考以上几个问题，那么你一定能找到问题的症结所在，继而寻求到解决问题的“金钥匙”，过上幸福完整的教育生活。

再忙也要留出思考的时间

教师本来应当是人类中最具思考力的群体之一，但现在教育的哀伤正在于，教育传播的主体——教师，严重缺失思考的习惯和独立思索的精神。我们常常太忙，在不停的忙碌中忘记了一天天忙碌的理由。不少的教师正在把以脑力劳动为主的教育工作沦为机械的类似体力活的工种。庸俗的无多大意义的忙碌正在像一种可怕的病毒，在中小学教师身上传播和蔓延，“两眼一睁，忙到熄灯”，忙得忘记为我们身上的从容、优雅、淡定的品质保鲜。虽然我们每天像驴拉磨一样忙忙碌碌，却始终是在原地打转，每天“涛声依旧”地重复着“昨天的故事”这是当今许多教师的生活写照，也是有点近乎残酷的社会现实。甚至有不少的教师还天真地以为，这样的忙碌也能让自己跨入优秀教师的行列！其实，区别优秀的教育者和平庸的教育者，不在于教育者是否天天忙碌，而在于是否能通过思考把实践变成精神财富。

有这样一则真实的故事：

有一天深夜，诺贝尔奖获得者、英国物理学家卢瑟福看见实验室还亮着灯，他走进去一看，发现自己的一个学生仍伏在工作台上。卢瑟福问："这么晚了，你还在干什么?"学生回答："我在做一个实验。""那你白天在做什么呢?""做实验。""你早上也在工作吗?""是的。""你每天都如此吗?""是的。"学生期待着赞赏。可是，卢瑟福皱一下眉头，问到："那么，你用什么时间来思考呢?"在卢瑟福看来，动手实践对于科学研究固然重要，但不静心思考更可怕!

思考是前行的火把。再忙也要留出思考的时间，一小时的思考胜过一周的忙碌。因为只有思考能帮助我们从无效走向有效，只有思考能帮助我们从有效走向高效。"思想需要经验的累积，灵感需要感受的沉淀，最细致的体验需要最宁静透彻的观照。"（肖川）累积、沉淀、宁静、观照，哪一样可以在忙碌中产生呢?我相信，奔忙，使作家无法写作，音乐家无法谱曲，画家无法作画，学者无法著述。闲暇、思考，是创造力的有机土壤，不可或缺。苏霍姆林斯基说得好："正像肌肉离开劳动和锻炼就会变得萎缩无力一样，智慧离开紧张的动脑，离开思考，离开独立的探索，就得不到发展。"

教学重在反思，书本上的知识只有在善思者的头脑中才能活化为智慧。要学会静下心来不断叩问自己内心深处发出的声音。如果只知重复，一味照搬按以往的曲子跳舞，教学工作"年年岁岁花相似"，又哪会出现"岁岁年年人不同"的新气象呢?

知识只是奠定教师课堂教学的底气，而思考却给教师带来灵气，一个有底气和灵气的教师在课堂上才会大气，才会表现出教育机智。只有将粗糙的、混杂的、表面的、肤浅的、零碎的教育大杂烩，经过反思的发酵、过滤、提炼、蒸发，最终才能煮成一道道精美喷香的教育美餐!如果我们的双眼被忙忙碌碌毫无闲暇的教育生活所蒙蔽了，如果我们的大脑塞满了教育中的繁杂琐碎平庸无奇，那么我们将难以睁开自己那双独立思考的眼睛，也难以在自己心中清理出一块静心反思的百草园。

有人说，仅仅拥有知识的人看到一块石头就是一块石头，而善于思考、拥有智慧的人却能在一块石头的缝隙里看到别致的风景，从一粒沙子里发现天使的灵魂。

思考能让教师从习以为常的教学惯性与惰性中超拔而出，赋予教师不盲从、不盲信、不盲动的思想品质，增益教师课堂教学的敏锐感知力与专业判断力，从而在随波逐流的时势中能独树一帜，体验课堂教学的尊严和乐趣。

专业写作：教师成长的快车道

教师成长，要行动，要思考，更要专业写作。近年来，“行动研究”、“叙事研究”成为比较时尚的教育科研词汇。其实，这些“研究”都是反思自己的实践、以专业写作为载体的研究。

专业写作，表面看来，只是教师随时随地把所思、所想、所感记录下来，其实是教师在书写自己的历史。加拿大学者马克斯·范梅南在其《生活体验研究》一书中有着非常精辟的论述：“写作是某种自我制造或自我塑造。写作是为了检验事物的深度，也是为了了解自身的深度。”专业写作，教师收获的不仅仅是文字，更多的收获是专业发展、教育的智慧和教育的幸福。每一个教师要想提升生命的价值，就不能轻视写。要写得精彩，就要活得精彩，做得精彩。写是人生从此岸向彼岸的泅渡；写是生活晶体的析出。如果说“学而不思则罔”，那么“思而不写则庸”。一个人的智慧水平是靠外显的文字水平来评估的，人的外显文字质量一般都与人的智慧水平成正比。

朱永新教授主持的新教育实验非常提倡师生共写随笔，他是把专业写作作为实现教师专业发展的最优化路径来对待的。作为一名教师，除了教书、读书之外，专业写作更应是一种经常态，因为，写作不仅是一种行为，而且更是一种精神上的积极态势。许多大教育家之所以成就卓著，除了有丰富的实践、大量的阅读、深入的思考之外，更重要的是经年累月地笔耕不辍。可以这样说，他们也正是经常处于一种不间断的写作状态和写作行为之中，教育实践才转化为教育思想，吸纳的教育智能才转化为教育艺术，个人的教育特色才转化为教育风格。

李镇西老师曾这样写道：

20多年的教育成长经历告诉我，教师的写作，对于教师成长实在是有着十分重要的作用。比如，也许许多老师是因为《爱心与教育》而记住了我的名字，我也因这本书而赢得了许多读者的尊敬，并渐渐被人称作“教育专家”。但其实只有我自己知道，我并不比千千万万的一些普通老师高明多少。常常在外面向同行们作汇报时，我总是说：“其实，我和大家是一样的——对学生的爱是一样，对教育执著是一样，所遇到的困惑是一样，所感受到的幸福也是一样，甚至包括许多教育教学方法或者说技巧都是一样的！如果硬要说我和大家有什么不一样的话，那就是我对体现教育的爱、执著、困惑、幸福、方法、技巧的故事进行了些思考，并把它们一点一滴地记载下来，还写成了书。仅此而已！”

如果说反思是教育科研的的本质，那么专业写作则的确是一名普通教师成长为名师的有效途径。像李镇西等无数优秀教师的成长已经证明了这一点；我坚信，更多正在成长的教师也将继续证明这一点。因为专业写作不仅仅是单纯的写作，它必然伴随着实践、阅读与思考。它与实践相随，与阅读同行，与思考为伴。实践是它的源泉，阅读是它的基础，思考是它的灵魂。可以这么说，阅读和实践滋养教师的底气，思考带来教师的灵气，而写作造就教师的名气。要想当名师，提高自己的知名度，就必须进行专业写作，正如一位网友所说："文章走多远，人就走多远"。

笔者认为，教师的专业写作有两个特点：

第一是"专业性"，即它是"面向教育事实本身"的写作，应该把它看作是自己教育生涯的一部分，整个过程应该是写作磨砺、专业发展、教育生命对话的过程。这里需要指出的是，一些教师特别是语文教师热衷于文学创作，而对于"面向教育事实本身"并无多大兴趣。文学创作这种非专业写作对教师的专业成长不能说没有意义，但一个优秀的小说家或诗人未必是一个优秀的教师，这也是事实。所以，我们更提倡老师"面向教育事实本身"来记录自己的阅读、观察、行动和反思，通过这些来改进自己的教育观念和教育实践。

第二是"日常性"，即教师把写作当作自己的需要并养成习惯，通过每一天的写作点点滴滴地积累教育心得，而不是那些为了应付检查才写的计划、总结和论文。它原汁原味地保留着鲜活的气息，似心灵的泉水汩汩地流淌出来。作为一线教师，可以说每天都有或多或少、或深或浅而且又极其生动珍贵的特有的实践和感受。上完一堂课，或看完一篇文章，或参加了一次教研活动，甚至听同行、专家、领导的某一句话，都应该随时把自己的思考用笔记下来。否则，这些"活"的、"细小的"，或许有重大研究意义和价值的"思想材料"就会稍纵即逝，实在可惜。实际上，写作是一个厚积薄发的过程。只有勤于拿起笔来积累，才会越积越厚；勤于拿起笔来思考，才能全身心地贯注于文章的写作之中。拿起笔，虽然只是一个小小的动作，但这却促使写作者慢慢地去摒弃外在的浮华和自己内心的浮躁，同时也促使思维和情感迅速进入自由、灵动和生发的积极状态。伟大的教育家苏霍姆林斯基正是三十多年如一日地坚持写教育日记，才使他的著作被后人称为“活的教育学”、“教育百科全书”。所以苏霍姆林斯基建议：“每一位教师都要来写教育日记。教育日记并不是什么对它提出某些格式要求的官方文献，而是一种个人的随笔记录，在工作中就可以记。这些记录是思考和创造的源泉。”

教师的专业写作需要的不是超人的智慧，不是华丽的辞藻，而是坚强的毅力。思想和灵感是上苍恩赐给我们的智慧火星儿，不记录下来，它很快就会熄灭的。而坚持记下来，则会让一颗火星儿点燃另一颗火星儿，慢慢形成燎原之势。“没时间”、“写不出来”，其实多为懒惰的遁词。治懒唯有用“逼”，因为一切成功皆与“逼”字有缘。虽然写作的最佳状态是文思泉涌，但是，有些时候“挤牙膏”也不失为一种写作方式。文思泉涌的状态，可能时常出现，但是却不能恒常保持。敢于“逼”，善于“逼”，我们才能超越自己。大作家果戈理曾经说过；“如果有一天没有写，怎幺办？没关系。拿起笔来，写‘今天不知什么原因我没有写’，‘今天不知什么原因我没有写’。把这句话一遍一遍地写下去，直到写得厌烦了，你就要写作了。”这种苦苦的自逼，更包含有自警、自责和自励。这种“与自己较劲”，“与自己过不去”的行为和精神，正促使那些暗淡的、困惑的、慵懒的思维和情感渐次被激活，这种非要写下去不可的执著，才能使平时积累的那些零碎的、彼此孤立的、缺乏活力的写作材料在脑中明晰，在笔下生彩。

总之，专业写作能够激发老师的职业热情，让教师享受到教育的幸福；专业写作能够激发老师的潜力和内驱力，让教师不再是被动地发展；专业写作能够有效改变教师的行走方式，让教师步入成长的快车道，有效实现教师专业发展的提速。

教育叙事不能迷失在“浪漫”的绘制中

教育叙事的兴起，应该说是我国中小学教育研究在方法论上的一种进步，但近几年公开发表的教育叙事，明显地迷失在“浪漫”的绘制中。在这类教育叙事中，选择的学生一般都是冷色调的，不是学习和道德的落伍者，就是身体残疾或家庭的不幸者；而教育者一般都扮演着妙手回春、救苦救难的使者形象。在教育叙事中，师爱被异化成了一剂“通药”，能治百病，并且“爱”到病除。学生不做作业，偶尔还逃学，“我”送一个笔记本给他，他就被感化了，从此后他就愿意做作业了；学生病了，“我”为他买药看病补课，康复后，学生在学习上就有了突飞猛进的变化；学生父母离异了，行为向“恶”的方向发展，“我”和他谈了一次心，或为他过了一次生日，学生就一心扑在学习上了……这些看上去像神话一样奇妙的事件一次次被写到教育叙事中来，故事环节一般都安排得丝丝入扣，逻辑上也无懈可击，虽然我对这些老师有一种发自内心的感动，但我还是不能不说：这些教育叙事能拿到实践中检验吗？

教育需要爱心是毋庸置疑的，但“爱心不是万能的”更毋庸置疑。我们不能浮躁地把爱当成菩萨来敬奉，当成广告来招摇，甚至当成矛和盾使用。唯物辩证法告诉我们，内因是事物发展的依据，外因是事物发展的条件，外因通过内因而起作用。把这个理论应用到教育叙事上，教师的“爱心”只是学生转化和发展的外因，片面地夸大它，无疑是犯了形而上学的错误。作为负责任的教师，应该具备高尚的师德，但决不能毫无上限地拔高师德的作用。把师爱当成转化学生的救命稻草，从开始解决问题时，就把方向弄错了！比如说，医生面对重症病人，仅有高尚的医德，能使病人起死回生吗？医德很重要，但更重要的还是医术！明晰了这层关系，再来看待如何转化学生，我们就会理智得多。

虽然决定教育的因素是非常复杂繁多的，有宏观方面的，也有微观方面的；有客观的，也有主观的；有观念性的，也有制度性的，等等。但对于中国中小学教师而言，目前最为缺乏的不是这类浪漫的叙事，而是理性的分析方法、专业的教育技巧和高超的教育智慧。

故笔者认为：在教育叙事上我们应走出“罗曼蒂克”式的“爱心传奇”，接近真实的“教育田野”，多一点技巧和智慧，少一点浪漫和说教；多一点寂寞和冷静，少一点急躁和盲从。

课改对话：加长教师专业发展的“短板”

主持人：常作印

盛水的木桶是由许多块木板箍成的，盛水量也是由这些木板共同决定的。若其中一块木板很短，则此木桶的盛水量就被短板所限制。这块短板就成了这个木桶盛水量的“限制因素”（或称“短板效应”）。若要使此木桶盛水量增加，只有换掉短板或将短板加长才可。人们把这一规律总结为“木桶原理”，或“木桶定律”，又称“短板理论”。

同样，在教师专业发展中，也一定存在着一个合理的教师专业知识和专业能力的理想结构，而许多教师只是在某一个方面形成了“短板”，却因此阻碍了自身的发展。一个教师想快速成长，不能迷信一些所谓的“模式”，而应该首先找到阻碍自己专业发展的“最短的木板”，要敢于在灵魂的镜子前照出“不完美的自己”，从而真正认识自我、完善自我。因为，认识自我、完善自我与认识学生和学科是同等重要的。正如《教学勇气》一书中所说：“真正好的教学来自于教师的自身认同与自身完整。”

专业发展的理想结构

轻轻吟唱：在教师专业发展中，每个教师所面临的问题是不一样的，解决的途径和方法也肯定是不一样的，想寻找一种放之四海而皆准的教师专业发展模式也是非常不现实的。正如常老师所言，要在充分考虑到个体成长的特殊性和序列性的基础上，构建一个理想的教师知识和能力的结构模型，从而更有效地解决不同水平与学科的教师专业发展的问题。

常作印：我个人认为，教师专业发展内在的结构应包含专业知识、专业技能、专业态度和专业发展共同体等。不同教师阻碍其专业发展的“短板”也可能不一样，比如有的教师可能是专业知识，有的教师可能是专业技能，而有的教师可能是专业态度。所以，不能一概而论，必须具体问题具体分析。

专业知识是否全面

中原书生：我认为，在教师的专业发展中，专业知识应处于核心地位。教师作为一种专业，知识是其从事教育教学工作的前提条件，是其专业素质的重要组成部分。离开了对教师知识的关注，教师的专业成长也就成了乌托邦。因为“一个专业既是一种高度复杂和熟练的工作，又是一种根植于知识的专业行为。把某些事情称为专业即表示这些事情有一个在学府里被广泛运用的知识基础”（西南大学教育学院副教授于泽元）。对于教育来说，要确保教育的质量，必须提高教师的专业水准，而提高教师专业水准的重点乃是明确教师专业的知识基础。

常作印：专业知识应处于核心地位不错，但我们要搞清楚专业知识包含的内容。在这一方面，我比较赞同著名学者林崇德、申继亮的观点。他们从认知心理学角度出发，认为教师知识包括四方面内容：即本体性知识、条件性知识、实践性知识以及文化知识。本体性知识即特定的学科知识；条件性知识是指教师应具有的教育学、心理学、管理学知识，它对本体性知识的传递起理论支撑作用；实践性知识主要指教师教学经验的积累，包括教师所拥有的课堂情境知识以及与之相关的知识；文化知识即指教师具备的除上述三种知识以外的广博的文化知识。其实，每个面临专业知识“短板”的教师，可能其“短板”在大范围内又表现在不同的小的方面：有的教师可能是在本体性知识、条件性知识方面出了问题；有的教师可能实践性知识、文化知识方面出了问题。实质上，凸显教师专业发展内涵的是实践性知识。教师只有以实践性知识为基础，才能意识到自己理智的力量，去除对专家的迷信，言说自己的知识，找到自己知识的生长点和自我专业发展的空间。

刘凤华：事实上，随着信息时代的到来，教师原有的专业知识已经远远跟不上时代发展的步伐，需要在实践中不断更新，所以，养成良好的专业阅读习惯，应该成为当代教师的重要生活方式。有这样一位普通的数学教师，工作将近五年，没有成就感，也不想有什么变化，一个重要原因就是她总觉得“再怎么教，学生也不会有改变了”。一次，在观摩一所学校组织的“思想者俱乐部”活动中，她接触了韦纳的归因理论。归因理论从行动结果推断产生行为的原因、从行为结果提取意义等论述，使她的内心产生了很大的震动。她开始追问：自己的学生真的“不行”吗？学生的课堂表现与她怎么教没有关系吗？她把疑惑告诉了校长，随之引发了全校教师对此进行共同反思和研讨。在这里，我们看到专业阅读为教师的专业发展奠定了宽泛的知识基础。

章帆：没有教育理论做基石，教师的专业发展是走不远的；不读杜威，不读苏霍姆林斯基，不读陶行知，恐怕很难成为优秀教师。我们发现，不少教师在教研活动中关注的是教育价值不大的现象和问题，往往纠缠于一些价值不大的细枝末节。为什么会这样呢？关键在于教师缺乏应有的教育理论素养。正如教育时报一篇报道中所说的："缺乏应有的教育理论素养，教师就没有审视教育现象所需要的分析工具，教师就不能从教育现象中捕捉到有价值的东西，只能从教育现象到教育现象，而不能站在理论的高度去分析、审视教育现象。如果这一问题长期得不到解决，教师的专业发展就只能在原有水平徘徊，时间长了，肯定会影响其专业发展的热情。"

专业技能是否完善

常作印：优秀教师必须具备从事教学工作的娴熟的专业技巧与较强的专业能力，这是教师专业发展的必然要求。不同的研究者对专业技能的分类也不相同。澳大利亚学者通过研究把教学技巧分为七大类：1. 动力技巧；2. 讲授及交流技巧；3. 提问技巧；4. 小组个人辅导技巧；5. 培养学生思考技巧；6. 评估技巧；7. 课堂管理与纪律。我国专家一般将教学技能分为5个方面：1. 教学设计技能；2. 应用教学媒体技能；3. 课堂教学技能；4. 组织指导学科课外活动的技能；5. 教学研究技能。但从教师专业发展角度看，通常把专业技能分为：1. 人际关系与沟通表达能力；2. 问题解决与个案研究能力；3. 创新思维与实践能力；4. 批判性反思与不断学习的能力。

轻轻吟唱：课堂是教育之核心，是教育的起点也是教育的终点，也是实施教育影响的实践场。如何以课堂为核心促进教师的专业发展是基层学校最现实的命题。美国学者 Travers 说过："教师角色的最终塑造必须在实践环境中进行。"教师的许多知识和能力是依靠个人经验和对教学的感悟而获得的，教师应该不断反思自己的课堂教学理念与行为，不断自我调整、自我建构，从而获得持续不断的专业发展。

洹水谣：教育活动是一项复杂多变、高度综合的实践活动，教师的专业程度不是单凭外在的技术性知识就能保障的，还应通过各种形式的"反思"，促进教师对于自己和专业活动直至相关的物或事有更为深入的"理解"，发现其中的"意义"。自我反思是指教师在教育教学实践中，批判地考查自我的行为表现和重要能力，传统的"技术型"教师一般缺乏对教育过程的研究和反思，因而在教育行为上很难呈现自主性、创造性的特征。教师只有通过自身的反思和研究，将教育理论转化为自己的教育理念和实践智慧，才能创造性地解决复杂多变的教育实践问题。

常作印：教师专业发展的最终目标就是促进教师形成"行中思"的技能。

刘风华：美国心理学家波斯纳提出了一个公式：教师成长＝经验＋反思。假如一个教师仅仅满足于获得经验，而不对经验进行深入思考，他可能永远只能停留在一个新手型教师的水准上。在反思中，我们学会了理性思考，提高了学习效率，工作起来更像是探索的科学家，而不再只是辛勤的耕耘者。但教师的成长仅有"经验＋反思"是不够的，还要加上"实践"，因为改革最终将发生在课堂上。

常作印：赞同！贺麟先生告诉我们：轻视教育哲学的结果就是重视经验、迷信经验。一位名师在观摩课上有这样一个提问："你最喜欢读哪一段或哪一句?"有些教师马上就把它搬到自己的课堂上，既不管教学内容，也不管班级的实际情况。时间一长才发现它并非什么“神兵利器”，于是就把这一经验给抛弃了。为什么会出现这样的状况呢？因为经验本身有局限性、地域性、差异性。学习别人的经验必须用哲学的眼光去分析，把别人的经验上升到理性的高度，学实质、抓本质。

中原书生：反思还应注重内容、形式和质量。新教育实验将教师的专业写作细化为五种形式：日常教育叙事、教育感悟、师生通过日记批阅和书信相互编织有意义的生活（共写）、教育案例及剖析、教学案例及剖析。这五种形式的教育写作各有不同的特点与作用，引导教师从各个层面对教育实验与自身进行反思，提升自己的教育思想，改进日常的教育实践。这样一来，教师以自己的教学实践过程为思考对象，对在教学中作出的行动、决策以及由此产生的结果进行理性的审视和分析，就能形成一种反思性的实践品质，有助于提升教师实践能力和在工作中开展研究的能力。

专业态度是否端正

常作印：我认为，教师的专业态度主要指教师对学生的态度，也包括教师对工作的态度、对生活的态度以及相关的心理品质和人格特性。有一句话说得好：态度决定一切。教师以什么样的态度面对学生，决定着学生的成长；以什么样的态度对待工作，决定着工作的成败。

许卫民：而教师对学生态度的核心是对学生的关爱、尊重，态度既是内隐的，又是外显的。“教书育人的艺术就在于教师既执著于自己的学科又超越自己的学科，从而跃进到关联着灵魂的教育境界。”对新教师而言，“蹲下来”与学生对话尤为重要。新课程实施几年来，在以人为本的教育理念的强烈冲击下，师生关系在朝着民主化方向前进了很多。教师对学生的态度也有明显的改善，但是由于师道尊严等传统文化根深蒂固的影响，建立基于尊重，体现发展精神的民主、平等、和谐、融洽的新型师生关系尚需不断地努力。

刘风华：所以，美国教育心理学家古诺特博士曾深情地说："在经历了若干年的教师工作之后，我得到了一个令人惶恐的结论：教育的成功和失败，'我'是决定性因素。我个人采用的方法和每天的情绪是造成学习气氛和情境的主因。身为老师，我具有极大的力量，能够让孩子们活得愉快或悲惨，我可以是制造痛苦的工具也可以是启发灵感的媒介，我能让人丢脸也能叫人开心，能伤人也能救人。"

轻轻吟唱：当过教师的人都有这样的体会：当我们一脸阳光地走进教室时，学生们的心情就会舒畅、轻松；当我们一脸怒气地走近他们时，学生们则噤若寒蝉，生怕自己撞到老师的枪口上。我们在课堂上以热情的语气肯定学生，以赞赏的眼光激励学生时，他们会充满幸福与喜悦；我们指责、挖苦、嘲讽学生时，则会给他们心灵的天空蒙上一片沉重的乌云。

常作印：我认为，专业态度还应该包括专业教育信仰。一个教师如果没有自己的教育信仰，也就不能形成自己的教育"深层建构"，而只注重行为模式的改进，就会把新的教育理念降格为支离破碎的教条或规则。教师要把自己的职业关注从日常琐事转向对教育理念的反思和梳理，对"内隐理论"的审视和重构，从而形成自己的教育哲学和哲学头脑。"什么是教育""教育要培养什么样的人""教师需要什么样的教育信仰"，这些最本质的问题是一线教师最需要追问和反思的。这些思考均具有让教育者脱胎换骨的潜质。如果对这些问题是生疏的，那么教育实践就是盲目的。

别再干让兔子去学游泳的傻事

为了和人类一样聪明，森林里的动物们开办了一所学校。开学典礼的第一天，来了许多动物，有小鸡、小鸭、小鸟，还有小兔、小山羊、小松鼠。而学校为它们开设了5门课程，唱歌、跳舞、跑步、爬山和游泳。当老师宣布今天上跑步课时，小兔子兴奋得在体育场跑了一个来回，并自豪地说，我能做好自己天生就喜欢做的事！可其他小动物，却有的撅着嘴，有的搭拉着脸……放学后，小兔回到家对妈妈说，这所学校真棒！我太喜欢了。第二天一大早，小兔子蹦蹦跳跳地来到学校。老师宣布，今天上游泳课，小鸭子兴奋地一下跳进了水里。天生恐水的小兔傻眼了，其他小动物更没了招儿。接下来，第三天是唱歌课，第四天是爬山课……以后发生的事，便可以猜到了，学校里的每一天的课程，小动物们总有喜欢的和不喜欢的……

这是一则禅味十足的故事。故事寓意深远，它诠释了一个育人的通俗哲理，那就是“不能让猪去唱歌，让兔子学游泳”。要成功地育人，小兔子就应跑步，小鸭子就该游泳，小松鼠就得爬树。如果非要每一个动物全面发展，那么只能换来它们全面的平庸。我们现代教育的悲哀之一就是非要把每一个孩子培养成全面发展的人才！看看我们这些育人者，又有谁是全面发展的人才？恐怕找不到一个！我们奋斗了一辈子都不能成为“全面发展”的人，我们有何理由要求我们的下一代全面发展呢？

后来，我一直在想，这一高明的“全面发展”理论，在中国风靡这么多年，历史或现实中总该能够找到实证的例子。可能本人天生愚笨和发展太不全面，浪费了我无数个脑细胞，古今中外搜索遍，也没发现一个全面发展的人才。

毛泽东是吗？我看也不行！当年他的数学课是一塌糊涂，曾经考过“鸭蛋”！

爱因斯坦是吗？我看也不行！当他出名后有记者问他“π”的值是多少，他还说不知道！他说他从不记这些东西！我敢说，如果放在我们这个“全面发展”教育观的国度，他的数学绝对考不及格。

大音乐家贝多芬是吗？我看更不行！他一生多次搬家，但每搬到一个地方不久就和几乎所有的邻居吵架，史料记载：他是一个令邻居非常讨厌的人！如果按照现在的全面发展理论来分析，贝多芬的“德”是十分成问题的！

所以说，如果以“全面发展”来衡量历史上的大人物和当今的成功人士，我看没有人能达到优秀，顶多混一顶“偏科”或“怪才”的桂冠！既然圣人、领袖、大人物都做不到，我们却一股劲地要求我们的孩子全面发展，这正常吗？

要我说，全面发展完全是理想中的乌托邦而已！有伪命题之嫌疑。因为全世界我们找不到一个“全面发展”的人才！这命题的创立者如果地下有知，一定会感到悲哀！可能会大骂我们这些做子孙的找得不够仔细，或者嫌我们拿的放大镜倍数太小！

有位专家曾居高临下严肃地教育我："你理解的全面发展观是片面的甚至是错误的，全面发展不是平均发展！"

"那么到底什么是全面发展呢？能不能给我通俗的解释解释？"我问道。

专家支吾了半天，讲了一大堆"名词术语"，最后语重心长地告诫我说："全面发展就是每一个方面都有所发展。"

我仔细一想，专家等于什么也没说，全面不就是每一个方面嘛。好在我是语文教师，理解能力还不至于弱智到那种程度。但我实在看不出，学习好物理、化学，对姚明打篮球有何好处？我总感觉：硬逼着具有姚明天赋的学生去学物理化学，实在是对他们身心的严重摧残！有那点时间还不如让他们都到球场扔几下篮球玩玩。没准，还能再出来几个"姚明"。

我们的教育理论往往鼓励人们不遗余力地去纠错补缺，以求完美的全面发展并以此来定义"进步"。而事实上，当人们把精力和时间用于弥补缺点时，就无暇顾及增强和发挥优势了；更何况任何人的欠缺都比才干多得多，且大部分的欠缺又是无法弥补的。小兔子根本不是学游泳的料，即使再刻苦，它也不会成为游泳能手；相反，如果训练得法，它也许会成为跑步冠军。

教育孩子、培养人才应该按照孩子的天性来教育来培养，必须走出全面发展的完美误区，别再干让兔子去学游泳的傻事。

写到此，突然想到拒绝"全面发展"的韩寒那小子，他的几句话曾给我留下很深的印象，抄录如下：

"一个人的精力原本就是有限的，我只愿意把精力投入到我感兴趣的地方，我不会这所谓的'四艺'怎么了，我有妙绝天下的'炼欲心经’，有毫无破绽的易容术，还有变幻莫测的机关、阵法，我觉得这就足够了，干嘛还要费尽心思去搞什么‘全面发展’，追求什么完人，我最瞧不起的就是那些自命风流的所谓‘才子佳人’，自以为‘琴棋书画’样样精通，走到哪里都有人称赞，惹人嫉妒，其实骨子里什么都不是，所谓‘全面发展’的最后结果就是‘全面平庸’!”

从“王小丫高考数学仅得20分”说起

央视名嘴王小丫日前走进杨澜主持的《天下女人》，在节目中她透露自己学习特别偏科，在高考中数学只得了20分。王小丫说：“学生时代，我非常不自信。我学习特别偏科，语文成绩不错，但数学从初三开始就没及格过。”王小丫坦言，高考时，她特别痛苦，那个拿成绩单的老师一个劲地说：“这孩子完了，毁了。”原来，当时她数学才考了20分，差一点就拿“鸭蛋”了。第二年她又参加高考，虽然妈妈为她找了很好的数学老师做家教，仍不管用，还是不及格，这一痛苦经历使她不堪回首。（见2006年9月25日《重庆时报》）

应当说像王小丫这样的偏科生成材的不是第一例。远的不说，当年臧克家、钱钟书和吴晗考大学数学更是考了0分。对比今天门门优秀的状元看来，他们绝对都是高考的失败者。但他们一个成为著名的诗人，两个成了著名的国学大家，而反观当年入学考试成绩远远高于他们的其他人，很多却是悄无声息。

我不知道偏科有什么不好。笔者发现，世界上没有一人是不偏科的，凡成功者无不是某方面表现出色的人。但我们却经常干让兔子去学游泳的傻事。我们忘了兔子根本不是学游泳的料，即使再刻苦，它也不会成为游泳能手；相反，如果训练得法，它也许会成为跑步冠军。“白痴”指挥家舟舟给我们启示，即使一辈子别的都不学，只专一门，也总会有出息。

我们应该把眼光放长远一点，为将来的事业发展做准备，远远不是考试得高分那么简单。学习成绩好，不等于智能高，更不等于将来事业成功。相反，如果过分强调学习成绩，可能反而不利于学生的身心发展，削弱他们将来的竞争力。

教师流动宜疏不宜堵

近几年来，中小学教师的“流动”具有明显的特点和规律：一般都是农村流向城镇，中小城镇流向城市，市县流向省会城市；边远落后地区流向经济文化发达地区；工作条件差的、收入待遇低的学校流向工作条件好、生活待遇高的学校；高学历、中高职称教师流动多，中青年教师流动多。

教师流动，单纯用行政手段采取“卡”、“堵”的做法是行不通的。近几年来，一些地方堵住“门口”不让教师流动，结果要走的人不辞而别，想走的人留得住人留不住心。

我们都知道“大禹治水”的故事——古代鲧采取堵的办法治理洪水，结果导致洪水更加泛滥。后来禹接受了教训，采取疏河导水的办法，结果治水获得了胜利，解救了黎民百姓的苦难。在教师流动的问题上，道理是同样的，堵截不如疏导。

我们必须认识到教师队伍在一定范围内的流动是正常的。在市场经济的冲击下，教师流动是社会发展的必然，已是不可逆转的趋势。

长期以来，我们对中小学教师实行特殊“政策保护”：只允许中小学教师以外行业成员横向流动，而不允许中小学教师参与人才市场、劳务市场的竞争，让所有的教师长期固定在一个岗位上，一次分配，终身不变。不流动和少流动造成一些教师丧失了主动性和创造性，难以实现自身的价值。这种做法恰恰忽视了教师流动的市场需求。计划经济时期的铁桶般的工作稳固早已不能适应我们现在的社会主义市场经济条件下的教育发展。

不可否认，一个学校、一个地方大批教师的无序流失，必将在一定程度上影响学校或当地的教育质量和教育环境。这就要求我们必须建立教师队伍合理、有效、有序的流动机制，教育行政部门应通过法规来规范教师的流动行为，引导、调整教师流动的流向、流速和流量，使教师的流动朝着有序、健康的方向发展。

但令人不得不深思的另一个问题是，好多优秀的教师都是在走了之后才被认为是“人才”，才引起原单位及当地管理部门的“高度重视”的。一些校长和教育官员对教师流动的反思恰恰忽视了这一点。在教师管理上与优秀学校和教育发达地区相比，一些学校和地方不仅仅只是金钱和物质的差别！感情留人、事业留人以及对教师价值认可的差距，同样也不可小视。

总之，为教师流动创设必要的环境和条件，逐步放开人事制约，让人才适当地、有步骤地合理流动，鼓励人才的脱颖而出，是时代发展的需要，是教育发展的必然趋势。

第二辑　以思考的姿态前行

以思考的姿态前行

文如其人，书如其名。《瞄准终点》是原绿色校长用几十年心血集腋成裘的一部教育力作。字里行间无一不折射出他思考教育和生活的智慧与理性之光，无一不散发出他涌自内心的“绿色”呼唤。

全书共分为《心中有殿堂》《上课时有诀窍》《教育杂谈》《管理叙事》《生活走笔》等五个部分，作者以其独到敏锐的思考引领我们穿越教育的迷雾，在真诚的言说中探求教育的本质。作者身在教育、心系教育、执著于教育的理想与信念，他向往智慧、呼唤真情，更渴望智慧之光沐浴灵府。

该书寓凝重、深邃、透彻的理性思考和浓情温暖的人文关怀，于或轻盈灵动、或细腻雅致、或明快练达的文字之中。当我试图透过文字去捕捉作者思想的来源时，我看到了一位以思考的姿态前行的校长。在他那里，校长职位不是一种官职，而是一种思考和实践的职业，是一种播洒阳光和引领师生发展的职业。正如他在此书的《跋》里的箴言：“我于是很投入地工作，投入的一个显著标志是思考。我很认真地思考我的角色，我所从事的工作，我工作和管理的每一个环节，每一个细节和我工作的对象，然后，按我思考的结果去实践。所以，当我现在坐下来反思的时候，我忽然觉得，我是在以思考的姿态做校长。”“以思考的姿态做校长”，说得多好啊！这应该是天下所有校长的基本追求，但在具体的管理实践中，多见的仍然是校长忙碌于无尽的行政事务之中，匆匆于各种应酬交往的痛苦中。

“把思考的心先跳起来”，从某种意义上讲，教育就是培养人的思考力的事业。没有思考，我们就缺乏透过琐屑与繁杂洞察精深与微妙的能力；没有思考，教育就只是心灵和精神的一种牵累，一种认知结果的堆积；没有思考，我们将囿于冷漠、被动和机械，我们更难以发现和体味到教育世界的多彩与感动；没有思考，生活就是无边的荒漠，教育也就只是一种敷衍和应付，最后，我们培养出的只能是行尸走肉式的奴才。

校长的领导首先是教育思想的领导，其次才是行政的领导。校长是一个学校的灵魂，这就要求校长首先应该是一个思考者。如果没有一个爱学习、肯思考、求发展的校长，就很难有一群爱学习、肯思考、求发展的教师和学生；如果校长不求自身的发展、不谋学校的发展，他就不可能去为教师、学生的发展而殚精竭虑。正如作者所言：校长要做“领头羊”，不做“牧羊犬”，身先士卒，以身示范，“伏下身子参与教育教学，能从自身实践中发现问题，及时解决问题。”针对量化考评学校的弊端，他大声疾呼：“谁考评苏霍姆林斯基?”真的发人深省，催人深思。

为了师生的发展，作者殚精竭虑。他认为，一所好的学校必须“让学生体验成功的快乐，让教师感受工作的幸福。”“校园就该是一个勃勃生机的成长园地，学生在成长，教师在成长，校长在成长，学校也在成长。”他竭尽智慧去点燃每一位师生心中的火焰，让每一位师生心中有一种为人生价值追求而愿意全身心投入的冲动和持久工作的激情，于是就有了《让教师感受工作的幸福》《给人生教育打底色的教育》《每个人都是学校的形象大使》《心中有殿堂》《做学生永久铭记的教师》等思考和实践的智慧结晶。

眼界决定境界，方向决定方法。“瞄准终点”，这是作者提出的最重要的一个命题，也是统领全书的灵魂所在。当我们习惯了仅仅聆听或者钻研所谓的有效方法、技巧与策略的时候，我们的视界将在画地为牢中固步自封，教育的航向也将在琐屑与狭隘中迷失。诸如，《名家都写完了，我们写什么?》《大班额如何实施新课程教学》《不要丢掉语文的“根本”》《管理细节要体现人文关怀》《教师要非常清楚教育的目的》《瞄准终点》等等。这些文章透过纷繁的现象洞察本质，是更上位的思考。作者认为，“完成一节课的教学任务，固然是教师分内的事，但只是短期目标。而培养学生一生的学习品质、做人准则、思维习惯才是教育的终极目标；培养祖国的建设者和接班人，培养健康发展的新一代才是教育的终极目标。……不仅教育工作者要考虑，家长也要考虑，社会也要考虑，各级领导更要考虑。教育行为要服从于教育终极目标，教育评估更要引导教育行为强化这个意识。”

在对教育的一次次叩问中，我能强烈地感受到作者的思考越来越抵达教育的本真：他“眺望着理想的高地”，彰显着教育的时代精神；他语重心长的话语依然在耳边回响，“假如教育工作者有较强的终极目标意识，能够看到一个个学生生动活泼的未来，就不会那么功利地为短期目标牺牲长远目标，就会善待每一位学生，就会真正做到为了一切学生，一切为了学生的发展，就会完全遵循教育规律行事，教得很坦荡，教得很从容。”

智慧于斯！真情于斯！不得不说，《瞄准终点》是作者用“智慧”

和“真情”舞出的灵动的光彩。我希望，所有的教育工作者，都能如作者那样，以一种思考的姿态前行，在对教育本真的叩问与追思中，“用真诚的文字，将平淡如水的岁月定格为永恒”，让生命在习惯的累积中愈发凝重与雅致。虽然我们无法在人间做大事，但我们可以用大爱来做小事。

遭遇“水土不服”

新一轮课改给教育教学提出了三类课程目标，要使学生在“知识与技能、过程与方法、情感态度与价值观”等方面都有一个质的飞跃。应当说这三类目标制定的初衷是好的，在宏观上是符合国家培养新时期人才观要求的。但由于我国现阶段教育发展和国民素质发展的不平衡性，使得我国各地各类学校的具体情况差别很大，出现许多“水土不服”的情况。因而在运用新课改理念，贯彻新课标方面就不能搞一刀切或套用一个模式，如若不然，则我们的课改就很可能偏离初衷，给教育事业造成不应有的损失。

遭遇评价“水土不服”

新的课程应当有一套与之相适应的评价体系，但目前的情况是，不少实验者最关心的是了解“标准”，无暇过多顾及评价问题。所以造成评价体制改革的相对滞后。如果学习内容是新的，衡量学校办学水平和教师能力的评价手段一如先前，特别是作为终极评价的升学考试还是旧有的体系，那么就会使学校和教师陷入尴尬的两难境地。教师在实施新课改过程中，既不能搞应试教育又不得不搞应试教育，要为学生减负，但往往“后果自负”；教师要在教学餐桌上精心准备一盘素质大餐，而且想做得精美而实用，但“未敢翻身已碰头”，教学中，坐而论道、夸夸其谈仍然为主流，学生的创造冲动和求异思维仍旧被扼抑着。

新课改中，虽然高考指挥棒制约着教育的科学评价，但是这不应该是我们放弃学习和落实新理念的理由。我们应该看到国家已经着手对高考改革，新的教育评价体制出台将指日可待。

遭遇教师“水土不服”

新的课程标准与教材需要拥有新的教育理念与一定文化积淀的教师，而相当多的教师在教育观念上不适应。面对国家对基础教育课程和教材的重大变革，相当多的教育管理者和教师思想准备不足，特别是在观念上不适应，生硬灌输、死记硬背、机械训练等传统教学理念和教学模式根深蒂固，形成一种难以扭转的巨大惯性。长期以来，不少教师已经习惯了照搬教科书和教参书，很少读书学习与业务进修。面对新的教学内容，失去了既有的教参，不少人不知所从。老教法不灵了，新的教法又找不到，进入到行动的“盲区”。有些人“旧瓶装新酒”，自觉不自觉地把新课程装进了“应试教育”的“笼子”里，使新课改的效果大打折扣。

“一切为了每一个学生的发展”是新课改核心理念，“以人为本、以学生为本”成了教育的价值取向，学生主体被凸显出来。一些教师为了充分体现学生的自我实现，保护天性、弘扬个性，课堂上，面对学生随意讲话、不认真听课，只能听之任之，否则，随时都会被冠以“变相体罚”之名。都说“玉不琢，不成器”。面对学生一张张幼稚的脸庞，这些未曾雕琢的“天然璞玉”，教师只能将他们小心翼翼地包裹好，精心地呵护着，生怕稍一疏忽又把他们刻画成“千人一面”。

遭遇管理“水土不服”

一个缺乏创新和冒险精神的教师是很难培养出具有创造能力的人才的，对那些习惯于唯教师“乖巧”为优的领导者，我们不禁要问：到底是谁扼杀了学生的创造能力？应该说，在一所缺失人文关怀的学校里，在教师情感被冷落的环境中，最终遭殃的还是学生。教师是实现学生主体价值的使者，是学生良好的情感、正确的态度和价值观的培养者，然而，教师的情感态度却被忽视了。现实中，教师工作的生态环境是阻碍新课改实施的最大瓶颈因素，过重的工作压力和心理负担形成了教师冷漠的情感、粗暴的态度和相互猜忌、排挤的性情。在社会上，教师常常承担应试教育的骂名；在学校里，教师是一些管理者当头棒喝的对象；在教师间，不乏冷漠相向者。因此，我们呼吁社会各界对教师要多一份宽容和理解，管理者要少一些指责和威严，教师间要相互信任和帮助。

遭遇农村“水土不服”

2004年新华网报道：记者在对西北贫困地区教育状况的调研中发现，自2001年国家启动义务教育课程改革实验以来，不少贫困地区的乡村学校实施了新课改。但新课改并未给乡村教育带来预期的效果，甚至加大了乡村教育的难度、拉大了城乡教育的差距。一位农村小学校长曾说，新课改在教学过程中强调多种方法结合运用，因此对教具、仪器等辅助教材的要求很高。比如教学中必须用到的投影片，一个年级就得800元，还有其他的配套教具，买下来至少也得一万多元，这对于连危房都没钱改造的学校来说，根本就是“天文数字”。

一些农村中学，长期没有完备、达标的理化实验室，更没有做生物实验的标本和仪器，直至如今还停留在黑板上画实验、考试前背实验的水平上。这些农村的学校如果按照新课标的要求，去做大量的探究性实验，是根本无法实现的。课本上的一些研究性学习题目，对这些学校来说，由于缺少条件，很大程度只能停留在口头上。当前实验教材的许多内容都要求学生翻阅资料或上网查询。但现实情况是，许多学校学生能查的资料很少，而广大农村学校目前尚无电脑，或者只有很少的电脑；许多农村学校没有图书馆，或只有很小的图书馆。再者，每一门课都要去查阅资料或上网浏览，要花费的时间实在是太多，也没有这个必要，这只能加重学生的负担，降低学习效率。这种以城市为中心的课改教材和教育理念离农村学生的实际情况越来越远，使农村学生在接受知识过程中出现严重的“水土不服”。

新课改从教学形式上特别注重学生的参与性，强调教师与学生的互动。但对于校舍、师资严重不足的乡村学校来说，一个班基本上都是60人以上，很难做到新课改倡导的“上下互动”和“一对一”的个性化教学。

所以，在进行新一轮课改的过程中，一定要因时制宜，因地制宜，谨慎推进，量力而行，决不可一哄而起，大搞形式主义，否则，受害的只能是我们的下一代。

总之，在看到课程改革实验丰硕果实的同时，我们切不可滋生大喜过望的骄傲。因为在实验过程中，还存在着这样那样的问题，有些甚至是相当难以解决的问题。正视并分析这些问题，对于我们以后的实验乃至其他方面的教育教学工作，都会起到很好的促进作用。诚然，新课改以其破竹之势长驱直入，不以教师的困惑而停滞，不因暂时的逆境而驻足。但是，在课改的过程中，倾听“另类”的声音恰恰是一剂良药，它是课改的强心剂。面对困惑，我们将会有更多的思想和解决问题的方法。我们如果不对中国国情和改革的复杂性有充分的认识，只是一厢情愿的纸上谈兵或盲目进军，改革就有可能出现严重的偏差，甚至走入误区。

孩子是一个国家最重要的资源

在中美洲有一个不起眼的小国，名叫哥斯达黎加，面积只有5.1万平方公里，还不到我国河南省面积的1/3。在国内媒体上，只报道它是一个生产橡胶和咖啡的国家，却从没有介绍过这个国家最为重要的两个特点：一是它是一个没有军队的国家；二是它是一个教师之国、教育大国。

哥斯达黎加是世界上第一个实施9年义务教育和免费教育的国家，早在我国清朝道光年间即已施行，距今已有二百年的历史，目前为11年制国民义务免费教育。全国人民识字率达93%，教育程度居拉丁美洲地区之冠。该国历届政府对教育都非常重视，教育投入高得可能会让我们的部分官员吃惊。全国的教育文化经费，竟然占到全国总预算的32%。在2003年的政府预算中，政府教育开支占全部预算的18.4%，成为公共预算中投入最多的部门。在中美洲，甚至整个拉美地区，乃至全世界，哥斯达黎加的教育投入也名列前茅。

1948年，哥斯达黎加宣布废除军队，成为中美洲唯一的、世界上也少有的不设常备军的国家。与之相对应的是，该国对教师这一职业相当重视和尊重。哥国总统与教育部长于1996年8月29日向国会提出的《教育改革计划书》中明确规定：强化教师地位，增加对教师的鼓励。哥国除对教师提供经济及专业上的鼓励外，甚至在每年九月，部分教师的薪水可多支领三份，或全体教师可多支领一份。

1998年9月，该国总统桑切斯在威克·福斯特大学的一次演讲中说："世界上贫困的人们急需的是校舍和医药，而不是枪炮和将军。"他认为，教育和文化的力量，是军队和暴力无法战胜的。他在1987年获得诺贝尔和平奖，在颁奖典礼的演说中他讲道："我们的国家是一个教师之国，所以我们关闭了军营，我们的孩子腋下挟着书本行走，而不是肩上扛着枪炮……因为我们的国家是一个教师之国，我们宁可说服我们的对手，而不是击败他们。我们宁可把跌倒者扶起，而不是压碎他们，因为我们相信谁也不能掌握绝对真理。"当读到这样铿锵有力的语言时，我不得不对他产生钦佩和敬仰。能够说出这样的话的总统，确实是一位了不起的政治家，他完全配得上诺贝尔和平奖。虽然他诞生于弹丸小国，但是他的思想和精神却远远超越自己所在的国度，并对整个人类社会具有着深刻的影响。我找来放大镜，摊开世界地图，开始寻找中美洲的这个小国——用庄重而又敬仰的目光！

是啊，多一所学校，自然就少一份愚昧和野蛮；多一个教师或学生，自然就少了一个士兵；多了一份宽容与爱心，自然就少了一份狭隘与争斗；多了一份对和平的渴求，自然也就少了一份战争的危险。

哥斯达黎加是一个自然资源相对较贫乏的国家，但他们坚信教育和文化的力量是巨大的。正是由于教育的成功，盘活了"孩子"这一最重要"资源"，哥斯达黎加才获得了成功。目前它是全球最大的集成电路出口国。可以说，教育在哥斯达黎加国民经济的发展中起到十分重要的作用。

我们不妨比较一下阿尔及利亚和突尼斯这两个北非邻国。阿尔及利亚有石油，突尼斯没有，但突尼斯的发达程度却远远胜过了阿尔及利亚，因为他们开发好了“孩子”这一项最重要“资源”，投入大量的物力、财力、人力，教育他们的下一代，培养出大批优秀的人才。再看看我们亚洲的“四小龙”，自然资源都特别匮乏，但对教育投入都比较高，对孩子这一“资源”都特别重视。

看来，自然资源并不是发展的主要问题，重要的是如何把精力放到发展教育上来，只要盘活了孩子这一宝贵“资源”，也就弥补了其他资源的不足，甚至能够实现超越的态势发展。

再看看我们中国的教育投入，更多的是心痛：我国在1996年制订的“教育法”，规定全国教育开支不得低于国民生产总值的4%。但8年过去了，仍然在2%左右徘徊。据统计，2002年我国的教育经费占全国GDP的2.3%（联合国教科文组织年鉴提供的资料仅为2%），比1980年的2.5%下降了0.2个百分点，低于世界各国的平均水平5.1%，更是远低于台湾近十余年高达6%以上的水平。而这个数字仅仅是联合国所建议的最低标准的三分之一，只及哥斯达黎加的14.1%，列在全世界倒数的几位，比非洲穷国乌干达还低。而且政府公共预算只占教育总经费的53%，剩下的47%则要求家长或其他来源去填补。

我们口口声声也喊着“我们实施的是九年制义务教育”，特别是近几年来，各地新闻媒体大肆宣传普九的“辉煌成果”，让许多人为之陶醉。但《中国青年报》2004年6月14日报道：农村初中生实际辍学率远高于国家控制的3%的标准，6省14县调查显示农村初二学生辍学率超过40%！

吉林省东丰县一位当过6年班主任的老师，以本校为例，给记者算了一笔账：初一入学人数有110人左右，到了初二上学期，还能有100人，而初二结束时，就剩60人左右了；中考前，只剩30人。据他了解，农村偏远一点的学校，辍学率有50%；离城近的，怎么也有20%～30%；平均下来有40%。

有一年，前总理朱镕基在安徽考察时，了解到那么多的农村孩子因为需要交纳的费用太高而上不起学时，非常着急，他提到朝鲜："我们以前去朝鲜访问时了解到：朝鲜做到了全民教育由小学到大学全部免费，他们的经济情况比我们差得多。我国已迈入小康，为什么不能实施九年的免费义务教育呢？我国初中以下中小学生将近2个亿，以人均每年学杂费500元计，一年1000亿就够了，只占全国国民生产总值10万亿的1%；而我们的教育经费总额从未达到过3%，世界平均水平早已超过5%……这是真正的百年大计、万年大计！"

据2000年全国人口普查结果显示，中国成人文盲（15岁以上）数量还高达8500万，成人文盲率也还有8.72%，此外还有1亿的半文盲。如今，国家教育失败的后果早就开始凸现在人们身边。当前社会上各种刑事犯罪率不断上升，表面是一些个人或为生活所迫、或因私欲膨胀，实质上这是教育在国民素质上的失败，是忽视"孩子这一最重要资源"的后果！

现在不肯花钱投教育，将来难免花钱建监狱啊！

以精神的力量来弥补躯体的损失

1806年10月，耶拿—奥厄施泰特战役，普鲁士军被拿破仑所率法军击败，还被迫割让了一半的国土，支付1.5亿法郎战争赔款。然而，谁能想到，濒临亡国绝境的普鲁士几十年之后一跃发展成一个令人瞩目的强国并战败法国最终统一德意志！这其中最为重要的一条原因，就是它高度地重视对国民素质的培养，并以此作为国家振兴的基础。当时具有战略眼光的普鲁士国王威廉三世就指出："这个国家必须以精神的力量来弥补躯体的损失。正是由于穷困，所以要办教育。我从未听过一个国家办教育办穷了，办亡国了。"

在普鲁士，受教育和服兵役一样被视为公民必须的义务，而国家则必须为它的公民提供受教育的机会。德意志统一前夕，适龄儿童入学率已经达到97.5%。当时的普鲁士，学生们上学几乎是免费的，主要是以实物的形式来支付，不上学却要受到处罚，如果小孩子在学校犯了错，父亲也要被处以高额罚款。

才特尔镇位于德国最北部，临近丹麦。180年前，这里是普鲁士王国最偏远最落后的乡村。今天的才特尔小学依然是小镇孩子们读书的地方，同时，它也是全德国最完整地保留了普鲁士时期原貌的小学博物馆。这里有一张1820年讲授自然课时所使用的挂图，当时的孩子们已经了解到，距离他们上万公里之遥的中国长城是什么样子。孩子们也可以了解到在五大洲居住的不同人种和不同的生活环境。在小学实验室里，他们可以接触到最新的自然科学知识。课程表记录了当时给小学生们开设的课程：世界地理、自然、算术以及德语、书法、宗教和体操。

1870年色当战役，普鲁士军队击败法军，俘虏法国皇帝拿破仑三世。普军总参谋长毛奇说：普鲁士的胜利，早就在小学教师的讲台上决定了。

在普及全民教育的同时，普鲁士建立起教学和科研并重的现代大学，他们把高等教育视为“经济腾飞的车轮”。当普鲁士还在向拿破仑支付巨额的战争赔款时，柏林洪堡大学诞生了。国王拿出了最后一点家底，并把豪华的王子宫捐献出来作为大学校舍。一个君主可以为大学教育而把王子宫捐献出来，这是何等的英明！相比之下，当时我们这片土地上建设的圆明园只能证明清朝君主的可笑与荒谬。与此同时，国王还接受了大学提出的一个要求，那就是：国家必须对教学和科研活动给予物质支持，但是不得干涉教育和学术活动。

今天，在柏林洪堡大学主楼的长廊里，挂着许多黑白照片，他们都是在各个领域里取得了重要成就的本校教授。其中的29位拥有一个共同的身份：诺贝尔奖得主。可以这样说，是国家充分的保障和充分的教育、学术自由，成就了德意志的科学家、思想家、艺术家……也对欧洲和世界文化产生了重要的影响。大思想家马丁·路德、弗洛伊德、康德、黑格尔、费尔巴哈、马克思、恩格斯等从这里走上历史的舞台；文学大师莱辛、歌德、海涅等创作的文学作品享誉全球……

我们在分析德意志近代史时，往往忽视了重要的一点，那就是：德意志是一个因为教育而强大起来的国家。铁血俾斯麦书写剑与血的欧洲历史，他的背后是一个高素质的德意志民族；支撑起高素质的德意志民族的，是强大而又普及的德意志教育……

看来，一个国家的实力不取决于领土大小，不取决于人口规模，不取决于自然资源，而是取决于全体人民的文化素养和精神自由！在赞叹德意志为教育的巨大的物质付出的同时，我更加佩服他们对学术自由和教育独立性的绝对尊重。

令人肃然起敬的日本教育

晚清时期，英国用坚船利炮打开了中国的大门，中国渐沦为半封建半殖民社会。1853 年，美国的军舰闯入日本江户湾浦贺港，这个同样闭关锁国的政权面临前所未有的民族危机。

然而，日本在明治时代迅速崛起，一下子跃入强国之列，不得不让他的“老师”中国刮目相看。日本成功的原因虽然是多方面的，但有一点不容忽视，那就是，日本近代教育改革的成功。

一、文明开化，“求知识于世界”

所谓文明开化，也就是提高国民的知识水平，按照当时的理解就是要以西方为师，在教育、思想、观念甚至生活习惯等方面进行全面彻底的变革。事实证明，这的确是近代日本明治政府最具战略眼光的决策之一。

日本在倒幕之后，大权重新回到了天皇的手中，明治政府进行了一系列的革新，向西方学习，学习西方的先进技术，迅速发展工商业，为“求知识于世界”，日本请来大量欧美专家和技师，并提倡学习西方的生活方式，盖洋楼，吃西餐，穿西服，改变日本传统发型——那个时代，这是一种决然的抛弃。想想清朝初年，明朝遗民“反清复明”，“留发不留头”的悲壮，甚至辛亥革命之后，男人辫子被剪去，都是如此之痛。然而日本却是如此之坚决！日本人认为：如果自己落后，那就要心服口服地学习，而且是决然的放弃，没有丝毫之留恋！——这就是日本！

要文明开化，首先就要抓好教育。明治政府的领导者们把兴革教育列为建国工作之先，并定兴革教育原则两条，一是“破除旧时之陋习”，一是“求知识于世界”，颇具革命开放精神。因此，明治政府的教育改革是以引进西方资本主义国家的教育制度为开端的。

当时的日本派出岩仓使节团访问美、英、法、比、荷、澳、德、俄、丹、意、瑞士、瑞典等12个国家，历时22月。岩仓使节团组织规模之大，访问国家之多，考察项目之全之细，历时之久，耗资之多，恐怕在世界上也是罕见的。

使节团对各国教育制度和现状给予极大的注意，特别是对美国的教育发生了兴趣。他们发现美国教育普及程度很高，并认为是美国经济蓬勃发展的原因之一。木户孝允在给国内写信时说：“吾人今日之开化非真正之开化，为防十年后之弊病，唯在于兴办真正之学校”，“而期望人才千载相继无穷者，唯真正在于教育而已”。

使节团的收获是巨大的。首先是明治政府领导人开阔了眼界，解放了思想，学到了治理近代国家的理论和方法，为制定建国蓝图提供了丰富的资料。当他们从“始惊、次醉、终狂”中冷静下来之后，便开始思索如何进行教育改革，如何实现建国大业，如何追赶先进国家实现与“万国对峙”的夙愿。

明治政府在推行文明开化进程中，很重视派遣留学生和雇用外国学者的工作。这种做法是符合日本国情的，对建设近代文明确实收到了显著效果。1870 年，日本制定了《海外留学生规则》，在 1871 年发布的《学制》中也列有留学生条款。明文规定“留学生无尊卑之别，上至皇族，下至庶人均可”。这是在海外问题上第一次标榜四民平等原则。规定“华族留学生，由太政官选派，士族庶人留学生由府藩县厅遴选”。遴选标准是：“通晓派往国语言，禀性诚实，思想敏锐者”；年龄 16 岁以上、25 岁以下，“但有非凡俊才者，不在此限”；留学年限，一般为 5 年；对留学生的纪律要求甚严，凡有“污辱国体者”、“懒惰或有不轨行为者”，一经查出，立即召还，并给予应有处分。临行前，还要对神宣誓，保证“报效国恩、不玷污国体”。私费留学者亦同。留学生任务是：熟悉各国国体、政治、风俗、人情，研究其文物制度、科学技术，即所谓“鼓舞日新之民，赞助开化之运，助国家于兴隆，期皇谟于久远”。所作规定，可以说是具体而又严密。

为了加强国家统一管理，有计划地培养人才，日本于 1882 年制定《公费留学生规则》，由国家负担学费，由文部省指定所去国家、所学专业、学校，归国后由国家分配工作。几经修改留学生规则，使留学生素质不断提高，数量逐年增加，仅文部省自 1868 年至 1912 年就派出留学生 683 名。从 19 世纪 80 年代起，归国留学生在各个领域逐渐取代雇用的外国专家。

二、“国民皆学”，强力推行教育改革

兴教育需要全民族全社会的关注，需要政府有果断措施，必要的情况下需要国民作出一定的牺牲。

早在幕府末年，日本的教育就已具有一定的普及程度，那时已经有专门以平民百姓为传授对象的“教谕所”、“寺子屋”，甚至还有教

授洋学的学校。这些都为明治教育改革打下了基础。据统计，明治维新所颁布的各种法令中，内容有关教育的数量最多。更重要的是，这种尊重知识、重视教育的良好风气得到了很好地发扬。

1871 年 7 月，明治政府设立文部省，全面推行国家的教育改革，参照欧洲国家的教育体制逐步建立起比较完备的近代教育体系：重点实施中小学义务教育，还大力兴办中等教育、师范教育和职业技术教育；同时也非常注重高等教育，到 1918 年，日本全国共有大学和专门技术院校 118 所；改变以儒学为主的教育内容和传统的教育理念，重视普及具有实用性的先进科技知识，强调学问为立身之本，在《关于奖励学业的告谕》中明确批判了认为“学问系士人以上之事，至于农工商以及妇女则置之度外，不知学问为何物”和“士人以上之少数学者，动辄谓为国而学，不知其为立身之基”的错误观点，大力提倡“邑无不学之户，家无不学之人”的“国民皆学”的教育政策。

通过教育改革，完成了从“士人教育”向“国民教育”的重大转变。大限重信在总结维新后教育发展时说：“教育于维新之前，局限于武士 40 万之间，至维新之后，则普及于全民。”总之，从“士人教育”到“国民皆学”，不能不说是教育的一大革命。

日本于 1872 年开始实行义务教育制，比许多先进国家还要早。他们只用 40 年时间就建立起了近代教育体制，完成了欧洲主要先进国家 200 年的近代化任务。但当时日本也面临着财政困难，日本政府却坚持教育先行，要求各地无条件执行教育法令。于是就不断地有官员因为完不成推行义务教育的任务而自杀谢罪。日本最初普及义务教育的时候，一些地方政府甚至动用警察督促家长送儿童上学。1908 年，日本小学的入学率已达到 97.8%。到 1910 年，小学教育经费已占地方政府预算的 40%。这都体现了国家对于教育的重视和对教育法令执行的强度。

明治初期，政府还不惜重金聘请外籍教授，弥补本国教育资源的不足。1877年东京大学初建时，39名教授中有外籍教授27名。当时东京大学的经费占文部省总经费的40.9%，而外籍教授的工资就占了其中1/3左右，有的外籍教授工资甚至远远超过政府大臣的薪金。在教育改革中，明治时代文部省内聘有外籍顾问，协助教育官员规划教育改革事宜，提出不少很有参考价值的建议。

1945年8月日本战败投降，民心低落，满目疮痍，经济崩溃，国库枯竭，而日本政府却于仅仅一年多后的1947年3月，公布了《教育基本法》和《学校教育法》，竟将国民义务教育由战前的6年延长到9年！这个需要全民勒紧裤带的教育措施得到了全体国民的支持。日本人至今仍讳谈当年战后的艰难，很多女子为谋生不得不出卖色相，男人做黑市买卖、偷窃，然而教师家庭却能因职业而得到大米供应，过着比较体面的生活。政府募集粮食，尽量保证小学生每天能在学校吃顿饱饭。日本政府在1954年正式颁布《学校供餐法》，规定凡有条件的地区免费为学生供应午餐，并制定了儿童营养标准。

三、大包大揽：政府把教育孩子的费用全部承担下来

教育是百年大计，兴教育的好处不可能在短时期内就显现出来。但日本人不短视，尤其是不顾困难兴办教育的坚韧精神，让我们不得不由衷的敬佩。现在的日本，父母只管生育孩子、教育孩子，而关于孩子的成长教育费用基本上是政府包起来了。日本的孩子甚至还在娘肚子里，国家就已经开始大量补助了。日本政府是鼓励生育的，生得越多，补助越多。据统计，一个孩子从出生到长大，国家前后大约要花30万美元。除了政府统一补贴的资金外。像丰田公司这样的世界

知名企业，还对自己员工的孩子另有补贴——每生一个孩子就送一辆丰田车。

政府把孩子的教育费用承担起来，并不是考虑减少每个公民的负担，外国人在日本生孩子的待遇也与日本人完全一样。他们是考虑到日本的孩子（包括在日本生的外国孩子）是未来日本最宝贵的财富，负责把他们教育成日本的合格公民是政府义不容辞的责任。所以，在日本，孩子的教育不会因为家庭的贫富差异或者地域差别而有什么差别。

四、日本中小学教师不评职称

现在日本的教师待遇在全国任何学校都是一样的。城市与农村，最南与最北都没有差别。而且所有的教师都是政府公务员待遇。中小学教师不评职称。一经当上教师，就是终身制。享受公务员待遇，而且是公务员身份。教师之间工资的差别，只存在于工作年限之间，既不存在不同地区，也不存在不同学校，更不存在所谓的先进与落后教师之间。日本中小学教师没有级别，只有资格新老之别。日本的教师与学生都不评任何先进与等级，从学生到教师都是一视同仁。

发展教育就是投资未来

韩国是一面很好的镜子。韩国与中国之间存在着太多的相似性，相对于其他国家的发展经验，我们必须特别重视韩国，因为韩国是在与中国几乎完全一样的土壤上取得成功的。

一、“教育先行”

韩国曾经是比中国还要穷的国家，二战后的韩国比中国情况更糟糕，满目疮痍，百废待举，处于世界上最贫穷和政治最腐败的国家之列。美国人说，他们看到的韩国是个“无底的、无希望的深渊”。但是在韩国建国后，教育一直超前发展。韩国政府首先制定了“教育先行”的社会发展战略——当其他发展项目与教育发展相冲突时，必须保证教育先行，必须保证教育发展的人力、物力、财力等。历届韩国政府也确实在实践着“教育先行”的庄严承诺，在发展中国家中，韩国政府的教育投入比例一直是最高的国家之一。即使在朝鲜战争中，韩国绝大多数学校在炮火中化为废墟，然而学校教育并没有中断，晴天在野外上课成为当时韩国一大景观。战争结束后，韩国教育很快恢复并迅速发展。20世纪50年代，韩国经济难称有什么成就，教育却一枝独秀，各级学校的就学人数都有大幅增长。从1952年到1960年，仅仅8年，小学生、中学生和大学生的数量比战争刚刚结束时分别增长了52%、90%和97%。

20世纪60年代后，伴随着韩国的经济起飞，韩国教育发展更加迅速。到目前为止，从数量上看，韩国教育发展的每一项指标在发展中国家都是最高的，它所达到的各级升学率同西方发达国家相当，有的甚至超过西方发达国家。由此可见，韩国的教育发展水平总是远远超过其当时的经济发展水平。

在韩国的教育发展中，政府大力鼓励私人投资，私人投资与政府投资各占半壁山河。在这种背景下，韩国公共教育投资占GDP的比例多年来保持在3.8%左右，在国际教育组织的统计中，仅次于以色列，多年来居发展中国家第二位。韩国政府并不满足于这一比例，20世纪90年代之初，韩国政府又规定从1991年到2001年，每年按国民生产总值的0.1%增加教育经费。据2001年的数字，韩国私人教育投资占GDP的比例是2.96%，居世界第一位。公私教育投入相加，占GDP比例为7.03%，位于丹麦（7.17%）之后，居世界第二位。

韩国政府重视教育，还表现在韩国不间断的教育改革上。韩国的教育改革次数之多，在世界上也是独一无二的，这也是韩国教育质量不断飞跃的重要动力。每一任总统上任后，都要推进一次到几次教育改革。目前，韩国正在进行的是第七次教育改革，修订教育大纲历时三年，投入50亿韩元，广泛征求了教育专家、教授、一线员工、学生家长共计14322人的意见，召开了282次协议会、讲座会、听证会，召开了由1794名审议委员参加的127次教育课程审议会。第七次教育改革提出培养人才的方向是“在全面发展基础上追求个性的人”，“以基本能力为基础，发挥创造性能力的人”，“在对韩国文化理解的基础上，创造新的价值的人”，“以民主市民意识为基础，为集体发展做出贡献的人”。韩国人正在通过实实在在的努力，不断向世界教育的最高水平逼近。

1945 年，韩国的文盲率为 78%，与中国不相上下。而在 51 年后的 1996 年，韩国人口中的大学生比例达 37%，超过了美国和澳大利亚，首次上升为世界第一。而中国的这一数字不到 5%，居世界排名下游。在韩国已经扫除文盲，成为世界上识字率最高的国家之一时，中国还有人数多达 2.2 亿之巨的文盲。韩国已成为世界上著名的教育大国，全国有 1/4 人口为学生或教师，如果算上为教育服务的有关产业，可以说，将近一半的韩国人在为教育努力。韩国教育的各项主要指标都已居世界领先水平。

短短几十年间，几千年来一直积贫积弱被人漠视的形象不见了。谁能想到，这个沉睡了几千年的“隐士的国度”竟然蕴藏着如此惊人的潜力，从 1962 年到 1980 年间，韩国的人均产值由 83 美元增加到 1553 美元。这一长时期的高速增长，使韩国一跃跨入新兴工业国的行列，造船、汽车、电子、化纤等工业产品打入世界市场并显示出惊人的竞争力。1988 年，韩国在迟发展国家中第一个举办奥运会，当时被普遍地认为是历来管理最好的一次奥运会。1991 年，韩国国民总产值跃居“东亚四小龙”之首，人均 GDP 超过 6000 美元。尽管当时韩国的人均 GDP 低于新加坡、香港和台湾，但它在产业结构多样化方面要远为成功，其工业化的程度也更高。在一些技术密集和资本密集的产业上，韩国已成为美国和日本的强劲的竞争对手。1995 年，韩国人均 GDP 达到了 10037 美元，韩国人提前实现了过万美元的目标。韩国经济实力达到了世界第 11 位，他们急切地盼望进入世界前十，要成为亚洲乃至世界的中心。

二、优先发展高等教育还是优先发展基础教育

教育权是一种基本的人权。世界上大多数国家在发展教育中都遵循美国总统杰弗逊的著名教育理念：衡量教育是否造福于社会，主要不是看它造就了多少杰出人物，而是使大多数人能够享受到必要的教育。教育的基本作用，应该是使所有的社会成员能站到同一个起跑线上，得到一个平等的机会。

中国长期以来走的是一条精英主义的路线，由此造成了教育领域一系列不平衡：基础教育与高等教育发展不平衡，优先发展高等教育而非基础教育；在基础教育领域实行重点学校制度，导致学生得不到平等的教育机会；城乡教育水平差距过大，农村教育严重落后，特别是贫困地区教育经费一直得不到有效解决，导致大批儿童失学。

中国有限的教育投资，大部分投入到了能立刻见到效益的高等教育之中，基础教育投资的匮乏由此更加雪上加霜。中央财政承担的初、中、高等教育经费之比，中国为 1∶2.65∶38.7。而印度为 1∶1.59∶8.88。中国的高等教育投资占比是全世界最高的。从 1995 年到 2000 年，是我国教育投资增长比较快的时期，这期间，我国普通高校通过各渠道的收入总和的增长幅度达 239%，高中达 156%，而小学和初中为 70%，其中农村的初中和小学为 50%，差距十分明显。

让我们来看看韩国是如何解决教育不平衡问题的吧。

与中国把政府投入主要放在高等教育不同，韩国的政府投入主要投向了基础教育，而把高等教育的投资机会主要留给了社会。

韩国政府在经济落后地区与经济发达地区的教育投入上也有不平

衡性，不过他们的不平衡方向与中国相反。他们优先把资金投入到落后地区。韩国在推行初中义务教育时，免费的范围明确规定由偏僻的农村、岛屿开始，逐渐向小城市再向大城市分步推进。

韩国新推出的普及信息化教育方案中，明确提出："将计算机等教育信息化基础设施首先普及到农村、渔村、岛屿和偏僻地区以及城市中的低收入地区，提供必要的行政和财政支持，以提高学生接触信息技术机会的均等性。"

通过这种不均衡投资，韩国保证了国民教育机会的均等。为了保证国民都能接受高中教育，韩国取消了初中升高中入学考试。现在，韩国小学升初中升学率达 99.9%，初中升高中升学率达 98.7%。也就是说，韩国已经普及了 12 年制教育。

在 20 世纪 70 年代初，韩国也存在择校问题，中小学校分为一流二流，学校教育的应试倾向明显。韩国为此果断推出了"教育平准化"政策，具体措施有三项：一是对"不利学校"增加教育拨款，大力改善其教学条件；二是实行教师每四年流动一次，确保学校师资水平的均衡；三是对学生进行综合评分，各学区内由计算机随机决定就读的学校。这个"平准化"教育政府实施至今，有力地促进了韩国义务教育质量的全面提高，弱化了学校应试教育倾向和学业竞争的激烈程度，成为韩国教育界引以为荣的佳话。

三、贵师重傅国将兴焉

"国将兴，必贵师而重傅"。百年大计，教育为本；教育大计，教师为本。教师的素质是一个国家教育发展的关键。教师如果是一个国家高收入且受人尊敬的职业，那么就会吸引社会精英为师；精英为师的直接结果是培养出高素质的人才；大量的高素质的人才又直接促进社会风气的净化和国家各方面的发展。

在韩国，教师被全社会敬重，享有其他国家不曾有的特殊权利。在大学里，学生跟着教授走路，不能离得太近，因为学生不能踩到老师的影子；教授到学生自习室，学生要全体起立敬礼；一个系的系主任，职责范围之一是为教师们服务，而没有领导地位，资金权、用人权、晋级权，都由教授委员会负责。

另外，韩国教师的工资也比一般社会成员高得多。韩国教师的政治待遇也不同于其他国家，汉城大学的教授要总统亲自下任命书。教授任各部长官、次官是很常见的事，汉城大学校长李寿成、明治大学校长高健则先后出任总理。

2001 年 5 月 14 日，金大中的身份由总统变成了教师。他在首都汉城西北部的一所小学里担任了“一日之师”。他不像某些政客一样匆匆忙忙、走马观花地视察学校，而是实实在在地在这所普通小学校里给学生们上了一天的课。虽然已经年逾七旬，每天忙于繁重的国务活动，但这天的讲课他依然是全身心投入，跟召开内阁会议或发表全国讲话一样认认真真、一丝不苟。总统当老师，显然不是一场虚假的“政治秀”。这一举动，不仅显示了金大中本人对教育高度的重视，也表达了他对教师们崇高的敬意。教师乃是国民精神的传承者，教师因此也就处于国家的中心地位。正如金大中多次在国务会议和新闻媒体上说过的那样，教师是国家的脊梁。

即使韩国在残酷的军人统治期间，独裁专横的军阀们也没有忘记拨给教育部门以充足的预算。朴正熙、全斗焕等军人总统一边在残酷镇压风起云涌的学生运动，制造了“光州事件”之类的血案，但也在不断地向教育部门注入充实的资金，提高教师的工资福利待遇，结果是大大提高了韩国国民受教育的水平。

四、民族传统：批判摒弃还是继承发展

当你和韩国人接触的时候，最明显的感觉也许是他们强烈的民族自豪感。这种自豪感，一方面来自于国家经济建设的成功，另一方面，则来自于对本民族历史和文化的骄傲。几乎每个韩国人都认为韩国文化是世界上最优美，最有创造力的文化，韩国人是世界上最聪明的民族。也许韩国人的自信有点过了头，你却不能不承认韩国教育在利用历史文化传统塑造民族精神方面的成功。

韩国教育中十分重视长幼尊卑，家长在家里仍然是绝对的权威。一些韩国人每年二月和八月初一，都按照从中国传过去的传统方式，到文庙祭祀孔子。人们头戴儒冠，身穿黑色古代祭服，毕恭毕敬，向孔孟行礼。中国封建时代的县学和书院，现在都已荡然无存，而韩国至今还保存着 281 所乡校和 84 所书院，他们在这里设立“忠孝教育馆”，开展有关儒学的学术活动。在韩国，至今的社会共同道德，仍然是中国宋代提出的“八德”：“孝悌、忠信、礼义、廉耻”。元代时，中国的《朱子家礼》传入朝鲜，现在仍然是韩国人家庭伦理的规范基础。谁能想到，几千年的儒教血脉在中国断裂后，居然在韩国部分地保存了下来。所以西方有些学者把韩国称为“儒教国家的活化石”。

儒教传统在韩国经济发展中的作用十分明显。随着“汉江奇迹”的出现，人们逐渐开始意识到了儒家社会伦理对社会发展进步的正面作用。按照中国人的逻辑，成功步入现代化的韩国应该是成功地与过去挥手告别的国家。他们应该会以韩国人那种激烈果断的方式彻底地铲除“封建文化”，脱胎换骨，改头换面，以全新的姿态与欧美“接轨”。然而，谁知道，韩国竟然保留了那么多我们抛弃的“封建”和“落后”的传统。

到过韩国的中国人会发现，从他们的人际关系，社会秩序看，很少看到居民住宅有防盗门和防护栏，从人们的精神面貌看，就能判断他们道德建设与教育是相当成功的。今日韩国，是一个当之无愧的“礼仪之邦”。

如果说儒家文化中存在着能够适应现代社会的部分的话，那就是儒家文化中贯彻始终的对教育的高度重视（当然，儒家文化中教育的方法和教育的内容，需要我们现代人重新进行审视）。这种可贵的传统在中国日益淡化，在韩国却保留了下来。

韩国人向我们证明了，传统文化和现代化并不是你死我活的关系。传统文化更主要的不是一个民族前进的阻碍，而是这个民族现代化的重要动力。韩国教育告诉我们，一个民族要自信地生存，必须有自己的深厚底气，必须尊重自己的历史，尊重自己的祖先。

而我们中国，自“西学东渐”以来，我们的民族文化和教育就备受冲击挑战。伴随着来自外部的围攻，民族内部的反思和批判一刻也没有停止过，到“五四”新文化运动“打倒孔家店”，激烈否定中国传统文化之时发展到极致。建国后，经过文化大革命的冲击，民族文化体无完肤、满目疮痍。进入20世纪80年代，“全盘西化”的号角吹响，且气势汹汹、声势浩大。

近年来一直致力于抢救民间文化的冯骥才在接受记者采访时说了这样一段让人痛心的话：

我们目前最大的问题是，传统文化的文脉已断。“文革”对中国传统文化的破坏的确是史无前例的。这个文脉的衔接十分困难。我在北京认识了一个外国老人，80岁了，他在北京生活了60年。这个老外说，我在北京认识了五代（一代十岁）的中国人，一代不如一代。

他讲的主要是文化人，指的是知识的视野、厚度、学养、个性魅力。50年来，我们太少出现学贯中西的大师。五四时期的文气已断，中国文坛只剩下些是非曲直了。

冯骥才的话形象地提示了毁坏传统对我们这个民族文化厚度的伤害。

毁弃传统和毁弃传统的教育造成的第一个后果是加剧了民族自卑感的形成。自从国门被列强的大炮轰开之后，中国人对西方的态度从盲目自大迅速变成了盲目自卑。“文化病毒论”则为这种自卑提供了理论上的依据。

毁弃传统和毁弃传统教育的第二个后果是民族的发展缺乏立脚点，社会伦理价值严重混乱。侯仁之老先生说：“一个人如果忘记了过去，就等于没有记忆。没有记忆的人是不完整的人，他的发展方向更无从谈起。对于一个民族而言也是如此。不了解她的文化遗产，就无法继承，也无法发展。”在“文革”迷梦破灭之后，我们发现自己没有了革命的激情，也没有了传统的支撑。“毫不为己、专门利人”似乎过于崇高，而孔孟之道、“温良恭俭让”经过一百多年来历次政治运动的有力摧毁，又早已被扫进了历史垃圾堆。当下的中国则出现了一定程度的集体道德意识缺失。在没有有效道德约束的情况下，市场经济伴随着腐败、无序和道德滑坡发展，在经济增长的同时，出现了一定程度的“物质主义”、“金钱崇拜”。越是经济发达的地方，防盗窗爬得越高。瘦肉精、毒大米、加了洗衣粉的油条……在混乱中，人们自己伤害着自己。今天的某些中国人，在许多方面，已蜕化成为在世界上也许是最缺乏文明教养、礼仪风范的准野蛮民族。试看遍布大街小巷的文明用语标语，什么“请、您、你好、对不起”，以及对商业职工提倡的所谓“微笑教育”，对我们这个号称五千年历史文明的礼仪之邦，真是莫大的讽刺，使人未免有啼笑皆非之感。

毁弃传统和毁弃传统教育的第三个后果是青年一代对列祖列宗传下来的宝贵财富缺乏感情。文化的教育和流传是个耳濡目染的过程，需要一定的环境和条件。青年一代没有机会接触传统文化，没有机会去体会传统文化的优美。青年一代与传统文化的陌生感越来越强烈，总有一天，这些东西在他们看来会完全是“别人的文化”。

毁弃传统和毁弃传统教育的第四个后果是造成国人盲目地崇洋媚外。例如：在文化教育上，我们许多专家就一直相信“外国的月亮比中国圆”，忙着与“国际接轨”。别人提出一个“建构主义”，我们一窝蜂似地都去研究建构主义；别人提出一个“多元智能理论”，我们一窝蜂似地都去研究多元智能理论。近几十年来，我们在文化教育研究上，始终在做着“跟屁虫”工作。这样的研究我们干得再出色，顶多是为别人的理论提供一点注脚，注定没有什么大出息！因为我们没有源于我们本民族的创新的教育理论。近现代以来，我们对民族文化传统和教育传统，除去批判之外，鲜有人去研究它的长处。我们的民族文化中有自己的缺陷和不足，这是不用回避的，但是我们疏忽了一点，世界上并没有十全十美的文化，可以说每一种文化都有它的优缺点。因此，既要对外来文化取其精华、去其糟粕，又要保持对民族文化的敬畏和珍爱。盲目否定、肆意践踏、轻易放弃的做法无疑是短视、无知、愚蠢！有一种现象不能不引起注意：对待外来文化我们常表现出博大宽容甚至有些阿谀逢迎，而对本民族自己的文化却充满苛求和指责。这不能不说是一种妄自菲薄的败家子行为。“一个没有自我文化的民族，一个丧失了自我文化的民族；纵然有再大的本事，终究不能参与世界文明的创建，并为其他民族所轻贱。”

五、结语

在发展上，近些年来出现的艰难和问题，症结在哪里？答案不用我给出，读者也能自明，因为从韩国的这面镜子中可以照出我们的许多龌龊来。

众所周知，教育决定的是一代人甚至几代人的素质，教育出了问题，影响的是国家的根本和元气，教育的振兴是国民经济发展的内在动力。按照美国政治学者亨廷顿的说法，国家之间的对立和竞争，归根到底是文化的对立和竞争。而文化的竞争，又归结到教育上。教育水平的差异，决定了一个国家和一个民族未来几十年的发展快慢。

联合国教科文组织在一份研究报告中指出，不同文化程度的人，提高劳动生产率的能力也不同：小学为43%，中学为108%，大学为300%。经济学家作过计算，20世纪初，智力因素在经济增长的作用只有5%～20%，而现在已经达到60%～80%。

让我们共同重温一位思想家的话：

在当今世界上没有任何一国受过良好教育的人民是贫穷的，也没有任何一国愚昧无知的人民是不贫穷的，在民智开启的地方，经济发展自然是水到渠成的，一个国家的前途不取决于它的国库之殷实，不取决于它的城堡之坚固，也不取决于它公共设施之华丽，而是在于公民的文明素养，及在于人民所受的教育，人们的学识、开明和品格的高下。这才是利害攸关的力量所在。

现在回过头来看，韩国在立国之初就提出“教育先行”，勒着肚皮抓教育，立足民族传统抓教育，在社会发展中把教育放到第一位的做法是何等英明。看看韩国的发展，我内心里特别想说一句话，那就是：发展教育，就是投资未来！

教育媚雅，一种新的流行病

媚雅和媚俗只不过是一板之隔的邻居而已。媚俗固不该，媚雅更可怕。

有一条新闻，说是两位诺贝尔奖获得者到北京演说，整个会堂座无虚席，连走廊上也站满了听众。可惜人家说的是英文，明明有许多人听不懂，但是偏偏还要附庸风雅地在那里站着。说实在的，这个世界上有些事情我还真的不能懂，如果让我站在那里一连几个小时听一段我根本听不懂的话，真的比杀了我还要难受。更可笑的是，会堂里常常有不懂或不太懂英文的朋友边听着边对周围的人说“讲得真好!”由此可见一些人的媚雅功夫练得如何。

突然又想起安徒生的《皇帝的新装》，故事中的皇帝明明什么也没穿，就因为两个骗子说愚蠢的人新衣是看不到，于是大家尽管什么也没看见，但又害怕别人知道自己愚蠢，于是都说：“皇帝的新衣真漂亮!”童话中好在还有一个不懂事的孩子，结果他说了真话。

由此我从自己的角度做一个推己及人的猜测：那就是以谈论新课改为乐趣言必称新课改的人，是不是有一部分“媚雅”的心态?

从前有句话叫做“习成文武艺，货与帝王家”。这里面就有我所谓“媚雅”的问题。上流社会锦衣玉食，消费文化产品时当然也要上好的。“雅”在这里因此代表上流社会的趣味。上流社会的趣味是容易引领时尚的，风气由此而开。后来人跻身上流社会时，常常效仿前人衣食起居和文娱并奉之为雅。“雅”一开始就有霸权的意味。

商业时代最容易堕落的是雅人。因为雅人眼雅手雅肠胃也雅，最经不起琼浆玉液灯红酒绿。因为轻易不媚俗，雅人感觉阮囊羞涩时，就只好天天拿着放大镜在旧纸堆寻找庸俗的理论，然后包装上风雅的外衣，配上古往今来雅人做的精美插图，美之名曰：新概念、新理念。

看看现在的那些教育理论著作，尤其是教育理论教材，就可知道那些所谓的新概念新理念不把人搞晕是决不罢休的。人文的语言不必说了，什么民主、现代、建构、多元智能、研究性学习……统统运用，如果碰上说不清的事就简单一句：后现代主义。我总感觉这些人有点像《皇帝的新装》中那两个骗子！他们明明什么也没做出，却偏偏给你指着说：“看！这就是皇帝的新衣！”可悲的是教育界的芸芸众生媚雅者太多。

看看我们教师写的文章，大部分都在媚雅地奢谈着师爱。给人感觉爱能解决一切问题，再坏的学生用爱心教育一两次就神奇地转变了。这简直是在把教育可笑地简单化。仅有爱的教育是不够的，这个爱需要与其他的技术艺术相结合。北京学者王晓春说过这么一段话：“对现在教育界流行的所谓‘师爱’，我过去曾经这样评论：‘我们的教育越来越缺少阳刚之气了，它紧步家庭教育的后尘，正在变成一种软绵绵、黏糊糊的薄片状的东西。一点都不丰满，一点都不大气。婆婆似的规则，保姆型的保护，警察式的管束，唠唠叨叨的说教，掰开揉碎的讲解，喂奶喂饭式的灌输，充斥着教坛。到处都在侈谈师爱。几乎人人都在讲说爱的神奇力量。爱的颂歌如雷贯耳，响彻云霄，几乎成了噪音。人们不把爱作为一种艺术来学习，却浮躁地把爱当成菩萨来敬奉，当成广告来招摇，甚至当成矛和盾使用。'”

现在教育上的媚雅者越来越沦为虚妄理论的傀儡，媚雅成为另一种意义上的时髦，我们自觉自愿地用假相遮蔽双眼，越来越沉浸在一种文化虚妄的泡沫之中。真正“民间派”的教育作品和理论在正统的市场上几乎成了绝响。

那些高扬着“人”的理想主义教育大旗的媚雅人群，将现在的教育一概斥之为应试教育，并且欲全部付之一炬而后快，他们勾画了一个教育的乌托邦。应试教育成了坏的包罗万象的筐，素质教育、新课改则成了好的包罗万象的篓。难道现实就那么截然那么简单吗？

这也许是中国教育的悲哀之一！

现在好像谁只要反对高考，谁就是英雄；谁反对高考，谁就是以人为本。这股媚雅之风甚广。好像高考取消了，中国教育的问题就解决了。中国教育问题真的都是高考惹的祸吗？现今英美等发达国家有没有高考制度？不但有，而且还在不断强化和完善。英国中小学在11岁、14岁、16岁三个年龄段全国统考，而且对全国各学校的考试成绩排名公布；美国许多州都要进行全州的统一考试，公布排名。这两个国家鼓励家长择校，鼓励学校有序竞争，以促进学校提高教育质量。在中国，在世界，现在取消高考制度的可能性存在吗？即使高考改革了，大学不要考了，就没有过重负担、就没有激烈竞争了吗？因此将中国教育的问题归之于考试（高考），这是一个荒谬的命题，也是一个无解的问题。

人要站在土地上说话，要真正“掏出心来”经过思考再讲，不要飞到天上乱侃！要今天的人呼吸明天的空气可能吗？

现在教育界流行的风雅语言：学生主体、研究性学习、“我能行”、探究合作自主等，都在一定程度上被神化了，脸谱化了。这虽然可能是改革中难以避免的现象，但这个社会也应该有“说真话的孩子”，把该请下神坛的请下神坛，哲学家称这种工作为“祛魅”。反思才会明理，反省才会明智。我常想，在这个鱼龙混杂、色彩斑斓的社会，我们每一个人都需要多一点冷静，少一点急燥；多一点主见，少一点盲从；多一点实在，少一点媚雅。

不能承受“垃圾食品广告”之重

我现在很少让孩子看电视台的少儿节目，原因是我受不了铺天盖地的儿童食品广告！

每当与孩子一块看电视台的少儿节目时，我常常被插播的儿童食品广告搅得心烦意乱。电视台的少儿节目，也常常把某些牌子的儿童食品作为奖品奖给孩子。我常想：这无疑是在教唆孩子乱吃零食。在电视台为节省了一笔奖品的经费高兴的同时，精明的商人们不知要笑得多灿烂！

儿子在看少儿节目时，未见学到多少有用的知识和做人的道理，却结识了很多儿童食品，学会了吃零食。面对电视里那些花花绿绿的小食品，孩子们往往会经不住诱惑。儿子常常指着电视荧屏说：“爸爸，我要吃这个！妈妈，我想吃那个。”每当这时，我的心里就堵得慌。买吧，我们大人很清楚，这些大多都是垃圾食品！不买吧，孩子常常闹得不行！我真不知道，我们的电视台要把孩子引向哪里？孩子，是祖国的未来，民族的希望。让孩子自小在铺天盖地的吃的广告宣传中长大，除去学会吃零食他还能学会什么？

据权威部门调查发现，食品广告有“品牌效应”，会影响孩子们的饮食偏好。因为受这些广告的影响，孩子们往往会偏爱吃某种食品，或者是偏爱某种品牌的食品。研究发现，孩子们从电视上看到的食品广告越多，他们吃的零食就越多，摄入的热量就越大，造成营养不良的可能性也就越大。

由于我国还未建立儿童食品安全体系，我国的儿童食品长期存在安全隐患，主要包括儿童食品中的化学物质种类和数量增加；食品中农药残留量过高；添加剂应用量过大或使用不当等。在这些不安全因素中，尤其以食品添加剂为重。在富强粉中加入漂白剂，饼干中有膨松剂，炸油条要用明矾，方便面要用防腐剂……这些都已成为我国儿童食品行业公开的秘密。国家儿童营养中心的曾方太教授在接受采访时说：我国儿童食品安全方面的标准、法规起点太低，零零散散不成体系，在很多方面还是一片空白。造成厂商在儿童食品中普遍存在过量添加人工色素、香精、防腐剂等现象，这会对儿童的肝脏、肾脏、血液系统等造成严重危害。最让人担忧的一点是，儿童食品广告中大力推荐的饮食远远谈不上什么健康和有营养，而是利用新奇美味来吸引儿童食客注意的“垃圾食品”。其中，加糖谷物早餐、软饮料、糖果和美味零食这“四大饮食”广告几乎遍布电视荧屏，后起之秀——快餐也正在奋起直追，大有改“四大食品”为“五大饮食”之势。不良饮食不仅导致儿童发胖，对其身心发育的不良影响也非同小可。儿童每日摄入营养多少，决定了他们大脑处理信息的方式，并会影响其思考、学习和行为。医学研究表明，人工色素、香料和防腐剂等有害物质能导致多动症。目前不少小食品加工厂和“黑加工点”为使小食品达到香、酥、脆等特殊效果，常常用人工合成添加剂代替天然添加剂，或超量添加。超量使用人工合成添加剂可导致过敏、畸形、癌变或细胞突变。儿童尤其是婴幼儿的免疫系统发育尚不成熟，肝脏的解毒能力较弱，极容易对小食品中的添加剂产生过敏反应。北医三院营养科李百花主任曾告诉记者，吃食品添加剂过量的小食品属于慢性中毒，许多家长意识不到食品添加剂带来的严重性。孩子们吃了这种小零食当时没什么症状，可时间长了身体就会出现问题。现在有很多初高中生出现肾功能衰竭，原因之一就是儿童时期食用了过多的添加剂过量的小食品。

比较一下发达国家，我们发现国外对儿童食品和儿童食品广告把关很严。

在美国，有关食品安全的法律法规非常多，如《联邦食品、药物和化妆品法》《食品质量保护法》《公共卫生服务法》《联邦肉类检查法》等。这些法律法规几乎涵盖了所有食品，为食品安全制定了非常具体的标准以及监管程序。在美国，如果生产和批发、销售假冒伪劣儿童食品，当事人除被判监禁外，还将面临 25 万～100 万美元的罚款。法国甚至把生产假冒伪劣儿童食品的罪行与贩毒、军火走私一并列为“危害安全罪”。此外，美国的食品检验机构有大批高度专业化的专家，他们的工作包括检查食品公司、收集并分析样品、监控进口产品、检查售前行为、从事消费者研究和进行消费者教育等。

在日本，法律明确规定：电视台不得播出垃圾食品广告（包括儿童食品广告）。在少儿节目中，如果插播或变相播出儿童垃圾食品广告，电视台将被处以高达 2000 万日元的罚款并追究相关人员的责任！

这一点，非常值得我们思考和学习！当我们都在感叹一代不如一代时，为何不多思考思考为下一代创造一个良好的成长环境？

作为一名家长，我呼吁政府应尽快通过立法，对儿童食品广告和不健康食品进行监管，建议学习一下发达国家给食品做图标的方法，

“醒目地标出营养成分，或者还需要加上‘垃圾食品’的图标”。

同时我也希望所有电视台儿童节目栏目，为了民族的未来，请少播一点（或干脆拒绝）儿童食品广告吧！给孩子一个纯净的成长空间吧！在拜金主义的大潮前，不能什么节目都见利忘义啊！

难倒众生的中小学教材

我们的中小学教材，的确是太难了！虽修改多次，但“难”字当头的局面未有任何改观，甚至还有加深的嫌疑。

先说我们的英语教材。据一些在英美留学的朋友说，中国的中学英语，难度已超过英美等国。最荒唐的是，一位在华工作的英国人士把在伦敦成绩优秀的孩子送到北京一所重点中学，没想到期末考试孩子的英语愣没考及格。英国人士不解：英语是我孩子的母语呀！英国人士跑到学校问老师：我的孩子英语为什么考试不及格？

咱们的英语教材能把母语是英语的中学生考倒，世界之最，值得骄傲。

学英语是为了用的，不是为了考的。我看到一本英国课本的前言里说，很多英国农民一辈子就掌握五六百个单词，就够用了。对于我们绝大多数学生如果能达到英国农民的水平，足矣。但看看我们的教材，动辄就让掌握几千个单词和上百条语法。按理说，这么难的英语教材，我们的学生经过几年的刻苦修炼，都应当成英语仙了。但事实是，孩子一说英语就哑巴。大胆者说出的也让中国人听不懂、外国人听不明白！更可笑的是，我们的学生连一句老外的经典骂人话都听不懂。除去考试，我不知道我们学这些实用价值极少而又出奇难的英语有何用处。

再说说我们的理科教材。毫不夸张地说，我们的学生学着世界上最难的理科教材。

2000年12月，教育部基教司副司长朱慕菊就断论："我国理科教材难度世界第一"。朱司长讲过这样一个事例：北京某五年级学生把自己作业中的一道数学难题拿去请教爷爷，爷爷是位"两弹一星"科学家，结果科学家爷爷也做不出来。这个例子未必罕见，我国数学课在实际教学中难度不断加深的状况已人所共知。（事例见王宏甲《中国新教育风暴》第178页）

在瑞典的数学课中，像解直角三角形这样的问题，我们这里是属于初二的内容，他们竟在高二的课堂上讲授！但也没见人家瑞典的国民科学素质低到哪里。相反，联合国统计：瑞典国民科学素质全球第一！

白帆，原来是北京某学校初中一年级的学生。只上了一个学期就随父母移民去了加拿大。他在国内时成绩平平，也没见有过人的智力。在加拿大参加一所中学的数学入学水平测试时，考官告诉他，以他的水平在加拿大可以上高中了。

北京的一位化学老师曾对比了一下中美两国的化学教材。他发现，我们的化学教材一章的内容够美国中学生学一个学期。按照我们学校学生的现有水平，如果用美国教材，半个月我们就能完成教学任务，同时能保证学生们在期末考试中得高分。但是用我们国家自己的教材，整整一个学期完成教学任务都显得时间很紧。

有人说，我们的中小学教材是按培养这方面的专业工作者的标准来编写的。仔细想想，每一科的教材编写者都想把学生培养成自己那方面的“专家”，为了应付中考和高考，教师不得不在教学中对教材的内容加深，要求加高，我们的学生能不累吗？我们教材的许多内容实在是太浪费孩子的时间和精力了。对于80%的人来说，中学数理化的学习完全是为了四五年以后完全的忘记。而我们的教材为了20%甚至更加少的人去牺牲大部分孩子的时间，是否值得？

可能有人会说，数学是所有人应该学习到很深的程度的，因为那样能提高人的逻辑思维能力。我想说的是——那是扯淡。韩寒那小子说的好：“逻辑思维的能力一大半是与生俱来，另外一点可以靠后天培养，但是是否就一定要数学去完成培养的任务呢？那真不如去看侦探小说。”

我们的中小学教材明明是太难了，但每一套的教材编写专家都认为，他们编的教材是符合孩子发展规律的，是科学的。我始终弄不明白的是，这符合规律、科学的事是怎么得出来的。难道他们说是就是？实践是检验真理的唯一标准，符合不符合规律，科学不科学，实践过的人应该最有发言权，专家毕竟不是上帝。我们不能打着规律、科学的旗号，来行违规律、伪科学的事。

还有些人认为，中小学生学的这些都是一个普通劳动者必备的素质。其实，很多人都知道，走上工作岗位后，除了自己所从事的专业需要的知识以外，在中学里学的有多少能记住？有多少有用？不信，考一考这样说的人，看他是否具备一个“普通劳动者”的素质。事实上，很多东西只要有些常识和印象即可，需要时知道怎么去学就行了。所以，我们的教育不仅仅是为了培养少数专家，最重要的是教会学生如何做人、如何学习。

管理的最高境界不是完美

完美是一句极具诱惑力的口号，却也是一个漂亮的陷阱，将我们陷进里面的泥塘，我们却以为是席梦思软床。我们就是这样跌进完美自身所造成的误区里，只不过这种误区常常是以漂亮的面貌招手出现，以良好的状态开始作为引导，然后被日后的逞强、虚荣所代替，心理上渐渐地磨出了老茧，而自己浑然不知。

应该说，追求完美并不是件坏事，但不能过分追求完美。过分追求完美不但得不偿失，反而会变得毫无完美可言。什么事情都会有个度，就像水到了100℃就会沸腾，低于0℃就会结冰一样，追求完美超过了一定的度，就会变得不完美。无论何时何地，无论何事何物，都要适可而止，如果不达到想象中的彻底完美誓不罢休，那就是和自己在较劲了，长此以往，心里就有可能系上解不开的疙瘩，而且这疙瘩会系得越来越大，会系得越来越死，对自己和他人都会成为越来越沉重的负担。

有一个这样的笑话：一男人来到一家婚姻介绍所，进了大门后，迎面又见两扇小门，一扇写着“美丽的”，另一扇写着“不太美丽的”。男人推开“美丽”的门，迎面又是两扇门。一扇写着“年轻的”，另一扇写着“不太年轻的”。男人推开“年轻的”门——这样一路走下去，男人先后推开九道门，当他来到最后一道门时，门上写着一行字：您追求得过于完美了，到天上去找吧。笑话当然是笑话，但是说明一个道理：真正十全十美的人是找不到的！同样十全十美的事也是不存在的。

管理是一门化腐朽为神奇的综合艺术，但同时也是一门遗憾的不完美艺术。对于任何事情的执行结果，我们只能做得更好，不可能做得最好。我们大家都知道，奥林匹克精神是“更快、更高、更强”，如果换成“最快、最高、最强”，也就失去人们为之拼搏奋斗的价值了。

过分追求完美不仅不利于执行目标的实现，反而会给它设置障碍。为了从99.9%跨越到理想中的100%，而为最终的那0.1%付出多出正常标准很多倍的时间、精力等资源。我们都知道，事情到最后的那0.1%最难获得，和前面根本不成比例，是得不偿失的，所以我们实在没有必要刻意地去强求它。正如一个曾经犯过此类错误的经理人所说：“我曾经为得不到100而放弃，结果却是0。若干成功经验和挫折告诉我：0.1＞0!”

作为个体的集合，组织就如一个大树林，不同的鸟儿聚在其中，构成了一个复杂的生态环境。面对于此，有效管理决不是一个单纯过程，它应当具有针对性、包容性和灵活性，否则，管理就丧失了它的本质意义。

作为组织的一个类型，学校就其性质而言，一方面具有教育属性，教书育人；另一方面又具有社会属性，即学校也是由具有不同性格、不同需求、不同地位、不同生活经历和习惯的活生生的“人”组合在一起的。不可否认，社会的混合性、庸俗性、复杂性同时被包容其中，构成了这个复杂的组织环境。可以想象，在这个环境里，祈求一个称心如意的完美状态，达到一个理想的完美境界，几乎是异想天开。

鱼缸里的水虽然清澈见底，但生长在其中的鱼长不大，活不长。江海的水虽然混浊，却能够容纳更多更大的鱼。从管理学的原理来看，组织的方方面面留有余地，互存不良，反而顺理成章，和谐有序。这可能就是残缺美在管理实践中的表现吧。

管理者在认同差异的同时，也要欣赏残缺的美妙。没了月亮的阴晴圆缺，我们就不可能欣赏到那些感叹人生悲欢离合，聚散无常的或婉约、或豪放的诗句；而没了问题的存在，管理也就失去了存在的必要性，组织也只会如一潭止水，平淡无奇，我们今天也就无从去高谈阔论那些或让人激动、或使人惋惜的管理案例了。从自然规律来看，不同的音符，才有乐章的美妙；不同的落差，才有起伏的壮观；不同的性格，才有生动的和谐；不同的所有，才有无尽的追求。

作为管理者不要被完美情结所困扰，应学会容忍或宽容一些不完美现象的存在。古人有训：水至清则无鱼、人至察则无徒。作为管理者，有时难得糊涂比格外精明更重要。

完美是无止境的追求目标，一切都得从不完美开始，在不完美中进步。完美无极限，过分追求完美就会陷入狭隘的陷阱。管理的最高境界不是完美，而是残缺中的和谐！

警惕创新迷信病

创新本身并不像“创新”的含义那样简单，要不然它也不会成为管理中最难解决的问题之一。有的领导对创新很迷信，似乎创新是一种随心所欲、信手拈来的东西。从某种意义上来讲，我们对创新的理解也需要一定的创新，这样才能使我们真正掌握其灵魂和核心，从而在教育中灵活自如地运用。

创新就是新思想加上能够带来改进或利润的行动。创新并不需要刻意也不仅仅是一种思想，而是实实在在的过程。真正的创新能给教育和学校带来新的机遇，但创新也面临着巨大的风险。对于积弱已久的教育来说，尽管层出不穷的创新犹如不断推陈出新的新药，但是，应试教育非但沉疴难起，反而形成了对形形式式的创新措施的耐药性甚至抗药性。照目前这种情况来看，如果依然过于一味迷信创新的话，那么，学校简直将成为一个创新试验场，缺乏科学论证的创新试验只能让我们的孩子、家长、社会为之付出高昂的代价。正如摩托罗拉的 CEO 高尔文所说：“创新从本质上来说是一个赌注，并不是任何时候任何条件下都有资格去赌。”

我们并不怀疑创新对于教育改革发展的必要性和重要性，却不能不怀疑某些所谓创新的动机、目的和实际作用。当前的许多创新通常并不是为了革故鼎新，而是头痛医头，脚痛治脚，非但不能起到标本兼治的作用，反而成了学校的拖累，阻碍了教育的健康发展。

教育的问题弄到积重难返的地步，并不是没有创新，而有时恰恰是太在乎创新和瞎创新的缘故。以为创新了，所有的问题也就解决了，这只是一厢情愿的痴心妄想。

从来很少有人去分析一下，哪些是我们需要务实地坚持做下去的内容，哪些是我们必须小心谨慎改革创新的东西。更可怕的是认识不到创新是一种赌注。这造成在我国的许多地方许多行业迷信创新。教育不是按照科学和教育的原则进行管理，而是天天忙于瞎折腾式的创新。改革了嘛，就要统统创新。

盲目的创新，虽然有时也换来一时的光辉荣誉、累累硕果，但却掩盖了问题的实质和教育管理的黑洞。更有甚者，出了问题往往也不是用科学的规律和方法来解决，而是以改革的名义，继续“创新”，拆东墙补西墙。

譬如：目前，许多地方和许多学校的教育创新之举，把教育变得越来越简单化、模式化、功利化。出于宣扬某些领导政绩的需要，许多中小学校扯起创新的虎皮大旗，甚至还忙不迭地展示貌似“新理念、新思路、新方法”的改革，昨日取消班主任，今日取消三好生，去年评选校树校花，今年实行春假秋假。这种改革往往还煞费苦心，给人感觉动真格儿似的。什么多劳多得、优教优酬，样样改革，样样创新。媒体报道热热闹闹，时评发言声声叫好。

教育改革似乎此起彼伏，好像波澜壮阔，真是“山荫道上，应接不暇”，实际上大多数不过是奇招怪术。

一时间，确实也让某些领导风风光光，获得了暂时的虚名。折腾了一阵，浪费了人力、物力、财力，一些人也捞够好处和功名，不知不觉地又回到了从前。蓦然回首，一切都没有实质性的改变，创新变成了一场政绩工程的“作秀”。

创新这个东西其实就是两条：一是要适度，第二要实用。为了创新而创新，标榜概念，这些创新不一定实用。

我们永远都要记住，0.1＞0。有结果永远比没有结果要好。正是在这种意义上，我们发现速度逻辑的背后躲藏着两条美女蛇：一条名叫“追求完美”，另一条名叫“迷信创新”。之所以叫美女蛇，是因为她们表面上看起来很迷人，但实质上却是速度与结果的大敌。追求完美的人犯的最大错误在于，他们认为不完美就没有价值。迷信创新的人犯的最大错误在于，他们认为要有价值就不能重复别人的路。

我很欣赏一句话：什么叫不简单？把简单的事情做到极致就是不简单。但迷信创新的人却不是这样，他们凡事做到一半，就在想是不是还有更好的办法？所以他们一生都在寻找各种解决问题的办法，而不是真正解决问题。

教育改革中所谓的管理创新也应警惕。

教育管理改革需要依据一定的法律法规，需要上级的统一领导和部署，更需要全体教职工的一致拥护。然而，总有一些中小学校领导我行我素，以个人的意志做决定。于是，创新变异为某些领导专断独行、控制教师的工具。倘若有人质疑，他定然会理直气壮地答：“校长负责制，说了不算，怎么负责。”目前，这种“创新”观念可算是大有市场。

仔细思来，这大概与某些使人权欲膨胀的腐败环境有关（当然，笔者并不否认学校领导应享有一定的自主权、自治权）。难怪有些沦为阶下囚的腐败分子总是抱怨“人在江湖，身不由己”，可惜的是没有永远笑傲江湖的“东方不败”。

有些学校也确实真心实意想靠创新做点好事，但好心未必就有好结果。风风火火地将别人的改革方略拿来就用，全盘照搬，梦想“忽如一夜春风来，千树万树梨花开”。结果却是矛盾百出，问题丛生，教师不能人尽其才，物资不能发挥最大效益。不但自己学校的发展失去了个性、失去了发展机会，连正常运转也难以为继。这样的创新，就成了一桌难以下咽的“夹生饭”。

对所谓的教育观念创新更应加以警惕。

对孩子行为的评价应该实事求是，好就是好，不好就是不好，这是地球人都知道的事。

可是偏偏就有人创出一种新理论，非要我们对孩子只能进行赏识教育。但学过辩证法和心理学的人都知道，“赏识”是要有条件的，那种不分年龄段、不讲实际情况、一味夸大“赏识”的作用，是一种典型的唯心主义的做法，容易给孩子造成错觉，反而不利于孩子的成长。

一度流行的“教育创新之举”——“洗脚作业”，是教育简单化、模式化的典型做法。孝敬父母完全可以选择多种方式，但像布置作业一样，让每个学生按照统一的“洗脚”模式来“孝敬父母”，而且只洗一次，一洗即孝，这就不可取了。

笔者认为，该项规定的悖谬还不止于此，其中包含的超越现实的理想化和功利性思维方式对学生道德思维养成的负面影响，更值得警惕。

著名专家赵忠心教授认为，“教育是个严肃的事情，是有其基本内在规律可循的科学，而不是任何人随随便便就可以搞花样翻新的玩意儿。我觉得，有些教育工作者和家长不是在教孩子做人，而是在教孩子作秀，这种倾向值得注意。”

追根溯源，教育中的种种作秀“创新”，是当前浮躁世风的一种表现。“形象工程”、“政绩工程”之类的创新，是作秀的一种；商家大肆炒作“概念”的创新，哗众取宠，吸引眼球，也是一种作秀；某些学者耐不住寂寞，坐不得冷板凳，为名为利甚至不惜抄袭剽窃式的创新，这同样也是作秀。

如果这种“创新”成为一种社会风气，对广大教师和学生，乃至对全国教育改革大业都是一场灾难，一种犯罪。眼下正是教育改革的关键时期，我们务必要保持警惕。

中国教育的创新，太需要大智慧，不需要小聪明。就此而言，学校迫切需要的并不是花样百出、口惠而实不至的创新，而是拨乱反正，重新定位，还教育以本色，还学校以本色。

没有惩戒的教育是不完整的教育

在当今中小学教育界，“赏识教育”、“爱心教育”、“情感教育”等等，成为教育的亮点和主流选择，而与此同时，惩戒似乎成了教育教学中教师们不敢触及的“高压线”，唯恐被冠以“体罚或变相体罚学生”之名。加之，一些媒体对因体罚学生而引发的学生弃学、离家出走、自杀或杀人等恶性事件一再披露，不时地在向教师们传达这样一种信息：教育不应有惩戒。

《中国青年报》报载，36岁的辛洪梅从自己供职的济南市一所私立学校辞去了教职。原因是这所学校对老师提出了种种“苛刻”的要求——除了教育界的普遍要求以外，该校还特别要求老师：一，不准批评孩子；二，不准变相地批评孩子；三，不准向家长说孩子的坏话。

读完之后，感慨颇多，我对辛洪梅老师深表理解和同情。我认为，没有惩戒的教育是不完整的教育。教师是应当尊重学生，但是尊重学生并不等于不批评学生。如果学生犯了错误连一句批评都不能有勇气接受，将来又如何面对纷繁复杂的大千世界？这种一味迁就、信马由缰、放任自流看上去是尊重了学生，实际上是使得学生从小是非不分，弱化耐挫力。

长期以来，中国教育界在反思尊重学生的过程中，又走进了重表扬轻批评的误区，甚至出现了所谓的“无批评教育”。的确，教育以表扬为主，正面引导，这是符合人的成长规律的，但是，以表扬为主，并非以表扬为唯一的、全部的方法。教育是讲究分寸的，适当为佳，过之或不及均不能取得理想效果。我们看到，与表扬相对的批评，与奖励相对的惩戒，对于每一个人尤其是成长中的学生具有特殊的意义。

惩戒有惩罚、警戒之意，是对学生成长过程中所犯过失的责任追究，是让孩子去承担错误引起的后果，是为了让学生更好地成长。一个人的成长不可能是一帆风顺的，必然经历坎坷，一个人的成长除了自身努力外，外在的环境和教育的影响也是非常重要的，在其成长的道路上，有时会误入岔道，走入歧途，需要人去帮助，去训导，去惩戒，此时，教师要责无旁贷地担负起惩戒学生的任务。“无规矩，无以致成方圆。”有了规矩，必须有违背规矩后的惩戒，就要让孩子为违规付出代价。由于孩子是成长中的人，可塑性极强，必须让孩子从小明白：每个人获得的自由应该是相对的，当你侵害到别人的自由时，就要以限制你的自由作为惩戒条件，每个人必须对自己的行为负责。

一般来说，孩子犯了错误，恰恰是教育的最佳时机，这需要教师的大智慧，而善于捕捉教育时机是最重要的。此时，惩戒是必要的。教育就是唤醒人，就是使人健康成长。惩戒是一种教育手段，也是一种爱的表达方式。在问卷调查中也显示，批评教育也是学生能够接受的方式，有些老师虽然严格，但仍受到学生的爱戴，因为学生们能体会出这样的老师心中的爱，理解的过程也是心灵沟通的过程。据我所知，学生时代受过教师惩戒的学生，大多数成年后会感激老师。相反一些对学生纵容或放任不问的教师，学生并不买账。

我们必须把惩戒看作是一种教育手段，孩子受教育的权利并没有受到损害，而是在接受另外方式的教育。而这种教育，所起的作用可能比上一堂课要大多了。教育是连续的，你进行了恰当的惩戒，如果他接受了，会提高他以后的学习效率，这样的惩戒教育可能会影响他的一生。学校就是社会的缩影，从学校走出来的学生，长大可能成为经理、科学家、总理，也有可能沦为罪犯。而在学校阶段，就用恰当的惩戒手段让他们铭记终生，知道哪些“高压线”是不能触的，触了就是犯罪！这不也应该是学校教育应肩负的责任吗？事实上，现在许多学生的违规行为已处在违法犯罪的边缘，等到他们真的犯罪了再来进行教育，就已经迟了。我认为，在违纪和违法犯罪之间，学校将起着巨大的作用，而小惩大戒的教育手段则会让他在边缘处止步。

常有人列举欧美各国的教育说明中国教育应当宽松自由，这种认识是偏颇的。首先孩子不一样，其次国情不一样，他们的教育可以借鉴但不能移植。再者，欧美的教育并不像我们以为的那么“宽松”。黄全愈博士在《素质教育在美国》一书中谈到，在美国，如有学生将不允许带的东西带进学校，如传呼机、手机，学校一律没收，并不再还给学生。而在澳洲，一些公立学校的处理很简单，每个学校都设有两个警戒室，学生要是犯错误了，老师就请你到警戒室去，由专门的教师依照心理问题或行为问题的不同情况，与学生进行交流，然后采取责令赔礼道歉或写检查等不同的方式处置。最严重的惩戒是开除，在停学的日子里，家长是法律监护人。如果再不改变，该学生就会被收到特殊学校去。

中国传统的教育是以严格著称的。这种严不仅是教学的严格，也在于管理的严格，这是一种优良的传统，遗憾的是我们没有继承。当我们看到学生出现行为上的偏差时，社会还在呼吁激励教育、呼吁家长教师理解学生；当我们看到有些极端自私、缺少正义感和责任感的学生走上社会的时候，当我们看到溺爱之风由家庭蔓延到学校时，我们的教育是不是该深刻反省了？

目前，中国教育的一大毛病是“缺钙”，而病因之一就是缺乏教育惩戒，缺乏真正的唤醒。教育的艺术是爱的艺术，作为教育的艺术之一，教育惩戒与体罚、心罚截然不同，这是因为它不是出自恨或虐待狂之心，而是出自博大而深沉的爱。

理想主义的“计划道德”

2005年1月7日《郑州晚报》报道：河南省开始在课改试验区推行一项《初中毕业生综合素质评定指导意见（试行）》。据此，初中毕业生如果被确认为“孝敬父母”，便能在中招中加分。此举被视作对“孝敬父母”的“量化”，引起舆论争议。很多人认为孝敬与否是个很主观的问题，难以确立判定标准，无法进行实际操作。笔者认为，该项规定的悖谬还不只于此，其中包含的超越现实的理想化和功利性思维方式对学生道德思维养成的负面影响，更值得警惕。

我们知道，道德与其他制度（比如法律）不一样，它是不可量化的。“孝敬父母”以什么为标准？怎么样证明是不是孝敬？评价的权威性如何体现？这些问题都是我们无法回避的。我们很难像法律条文一样，提出一个相应的道德条文出来，对道德也进行数目化管理——做了哪些，就是一个道德高尚的人；做了哪些，就是一个道德低下的人。从这个假设可以看出，试图建立这样的标准其实是一件不可能的任务。我们有过计划经济，现在要来“计划道德”，这都是美丽的彩虹，纯理想主义的高蹈，脱离现实的教育的乌托邦。

孝敬父母一旦与中考联系起来，功利色彩就出现了。哪个父母为了自己孩子的前途会说自己的孩子不孝敬？或许父母为了孩子的未来考虑会“说谎”，以便为孩子加分。我们知道道德依靠的是自律，那么以“挣分”作为利益驱动到底是在损害道德还是在提高道德水平？我们为了挣分而去孝敬父母，我们也可以为了“挣分”（或者更大的利益）而去伤害父母。请记住：道德和其他东西不一样，道德本来就意味着是非功利的。对于道德，学校可以提倡，但是一旦与“挣分”联系在一起，与现实功利挂钩，这种评价立刻就会变味。许多青少年在学校和家庭中表现出的“双重人格”就是显例。近年来，要求取消高考中“三好学生”、“优秀学生干部”加分和保送生制度的呼声一直很高，因为它确实成为高考舞弊的重要温床。

我担心，在中学阶段就开始利用功利性来“诱导”学生的美德养成，会对学生的精神成长形成挤压。在这种思维背景下成长起来的精神及道德，会失却某些可贵的品性。我不否认，如果一个人孝敬父母、爱护他人就总能得到某种回报，这会极大地影响到他的行为方式，会形成一种良性的“条件反射”。但是，这看起来似乎“殊途同归”，却不能解决一个问题：这会不会影响到未成年人的道德思维方式呢？如果所做的善行总是有着“功利”的底色，当面临看不出任何回报的善行要求时，他们还能不能义无反顾？

不可否认，《意见》的初衷是好的，但如果考虑不周全，操作不当，就会造成形式主义泛滥，简单化、印象化。老师和孩子乃至与家长的关系也成为重要的影响因素，甚至可能会导致更大的不公，这本身就抹煞了道德量化的初衷。

呼唤野性教育

教育不能缺少野性教育。教育要创造一定的逆境，磨练学生的意志，引导学生认识痛苦和苦难是生命的一部分，生命只有在战胜苦难中才会有乐趣，才会有生机。从而能够更加欣赏生命、珍惜生命、提升生命的意义和质量。

当前的中国教育缺少野性教育，这也是一个不争的事实，但一味地鞭挞学校也是不应该的。在现实中学校有时也很无奈。比如：学校设想搞点挫折教育，立刻就会遭到家长和社会的口诛笔伐，教育主管部门也会以安全为由处处给学校和教师戴紧箍咒。如果孩子在学校因为“野性教育”而出了什么意外事故，媒体也常常对教师横加指责。我常想，如果孩子连微不足道的一点挫折都不能承受，将来又如何面对纷繁复杂的大千世界？还谈什么成为对社会有用的人？

曾经在报纸上看到这样一幅照片，“俄罗斯冰天雪地，一位家长把自己的幼小的孩子脱个精光，用冰水洗澡”。还看过一则报道说：日本的家长从来都不接送孩子上学、放学。在日本的幼儿园，孩子普遍衣着单薄，即使是在冬天，也身着汗衫、短裤晨练，可很少见到有人感冒。学生良好的习惯、承挫的能力、健康的心理、健全的人格等都要从小逐渐培养，小时候的过分迁就溺爱就好比在源头下了慢性毒药，等毒发的时候，即使有解药也为时太晚。看看我们的一些家长、还有一些所谓的教育专家，他们只会站在旁边指手画脚，从来没有想过为学生能成为健全人格的人做点什么，有的只是教我们对孩子如何的“赏识”和溺爱。这种虚伪的假现代教育理论是与“真教育”背道而驰的，它只能使我们的孩子缺乏耐挫力，成为“易碎的花瓶”。如果对此没有清醒地认识，长此以往，我们的民族危矣！

记得一位教育家这样说过：“只有让孩子体验寒冷，体验孤独，才能让孩子在承受挫折的同时激发其考虑如何解决问题、克服困难的能力，如果这个过程经常得到强化，孩子就会由被动变为主动，从而战胜困难。”给教育注入一点野性教育是必须的，教育孩子直面挫折，健全孩子的人格，这决不是可有可无的话题。引导孩子建立积极向上的人生观，培养孩子良好的心理素质，正确对待危机，勇敢地面对现实，增强抗挫折承受力，树立开拓意识，已成为现代教育不可忽视的一环。

“天堂”与“地狱”

2004年8月4日《华西都市报》报载：成都七中国际部9班学生高小丰已经被全英排名第四的谢菲尔德大学航空航天专业“本硕连读”班录取。录取通知书未到，每年2000英镑的奖学金信函却提前寄来。让人啧啧称奇的是，这名优秀的男孩曾是一个让老师和家长很头痛的班上倒数一二名的“问题学生”。

“叛逆男孩”高小丰的故事告诉人们，教师的教育方式可以让一个孩子上“天堂”，也可以让一个孩子下地狱。

人的一生有多种可能，当孩子背起书包走进学校，开始漫长的学习生活时，老师便成为他们人生途中重要的领路人，老师的品质和人格会深刻地影响到他们，老师的一个眼神，一句话语，一个动作，既有可能让孩子成为天使，也有可能让孩子成为魔鬼。如果是爱心、激励、赏识、宽容、民主，会将他们送进天堂；如果是讽刺、挖苦、责骂、体罚、独裁，也许会将他们推进地狱。一个孩子如果被父母唾弃，这个家庭就是他的地狱；一个孩子如果被老师唾弃，学校就是他的地狱；一个孩子如果被父母和老师同时唾弃，这个世界就是他的地狱。

教育过程中的“人文关怀”，说到底，就是对受教育者心灵、精神的高度尊重和小心呵护。而责骂、罚站、请家长等做法，其实是对学生的“心灵施暴”，有人将这种做法称之为“看不见的灾难”，因为它容易使学生自尊受损，自信受挫，个性压抑，人格扭曲，容易使学生形成逆反心理、厌学情绪、对抗行为、暴力倾向、“奴隶”性格、“双重”人格等诸多心理障碍和精神疾患。它会使孩子自尊受挫，个性压抑，人格扭曲。因此我们就不难理解，原来的“问题学生”、“叛逆男孩”高小丰迟到、厌学、破罐子破摔的原因了。

“人最本质的需求是渴望被肯定。”赏识是激励人不断进取、满足其内在需要和情感需求的不可忽视的有效手段。对于孩子来说，一技之长得到赞赏，一得之见受到鼓励，一个行为得到赞美，乃至教师或家长对他们的一张亲切的笑脸、一道期许的目光、一个信任的点头、一句肯定的话语，都会给他们留下深刻的印象，甚至会对他们的未来发展产生重要影响。让每一个孩子抬起头来走路，让每一个孩子有尊严地活着！这是每一个教师义不容辞的责任。

最后让我们重温前苏联教育学家苏霍姆林斯基的名言：“世界上没有别的职业比医生和教师更富有人道性了。”这种人道性是一种潜移默化的营养，它给予学生的教益也许是终生的。作为教师，任何时候都不要忘记：我们可以让孩子上天堂，也可以使孩子下地狱！

第三辑　在夹缝中追寻教学的诗意

教学是遗憾的艺术

课堂教学永远是一门充满遗憾的艺术，不完美才是它的真实存在。不管怎样的课堂，哪怕你再做精心的准备，总会留有一些不足。叶澜教授讲："课不可能十全十美，十全十美的课做假的可能性很大。……只要是真实的就是有缺憾的，有缺憾是真实的一个指标。"毕竟课是活的，对象是活的。从不同角度，不同层面看，看法也可以是多种多样的。而且从学生的角度看，不同的学生同样也有不同的收获和困惑。或许，这节课对于这一部分学生来说很适合，但对于另一部分学生也许就不适合了。所以说没有完美的课，只能力求更好的课。

传统的课堂教学，常常只有预设而不见生成，"认真钻研教材，精心设计教学过程"一直是教师们不懈追求的完美目标，也是衡量课堂教学成功与否的重要标志。这种在教学预设上长期的"完美主义"，使课堂教学在普遍意义上陷入了这样一种状态：教者"以本为本"，习惯于从既定的教案出发，用一连串的问题"牵"着学生，害怕学生跳出自己预设的"圈圈"。"死"的教案成了"看不见的手"，支配、牵引着"活"的教师和学生，让他们围着它转，课堂成了"教案剧"

出演的舞台。这样的课也许结构严谨，层次分明，但学生却如同折了翅膀的雄鹰，难以展翅高飞。

《解读中国教育》一书上有这样一个典型例子：

> 上海一物理特级教师上了一堂我们认为很精彩的公开课，老师发问，学生流畅、准确地回答，下课铃响起，预设的问题都得到了解决。中国听课的专家和教师都认为这是一节无懈可击的完美的课。而美国专家并不以为然，甚至很困惑，“既然学生都会了，你们还教什么？为什么学生没有问题？”一语惊醒梦中人！多年来我们追求的所谓“完美的课”，原来恰恰是问题最严重的课！

课堂教学的过程，不是单一的知识学习的过程，它是师生共同成长的生命历程，是师生“原汁原味”的生活情景，应该少一些固定预设，多一些课堂生成，“让预设与生成共舞”，而“生成”恰恰是我们所无法预料的，它在带来精彩的同时也可能带来遗憾，甚至会使我们的课堂教学丧失程序上的完美。但是正是因为它的“不完美”，才显出真正的“美”来。没了月亮的阴晴圆缺，我们就不可能欣赏到那些感叹人生悲欢离合、聚散无常的或婉约、或豪放的诗句；而没了问题存在的完美课堂，也就失去了其存在的价值和必要性。

“学然后知不足，教然后知困”，“做一辈子教师”必须“一辈子学做教师”。不完美，也许是一件好事。正因为“不完美”，才督促我们不断提高教学能力。作为新课改背景下的教师，勿需苛求完美，但要学会关注、捕捉、反思每一节课中的遗憾，并努力追寻以各种方式弥补遗憾，这样就等于坐上了提升自己教学水平的直升机。

教学不仅需要细节，更需要战略

面对“细节主义”盛行的大气候，一提起战略，人们会认为战略是领导的事，作为教师就应该在细节上下功夫。其实，这种观点是非常有问题的，教师也需要战略思维。

因为在“细节决定成败”这一观念中，我们忽视了一个前提，那就是战略。只有战略正确，细节才会有意义。如果只顾细节，忽视战略，盲目执行，不管方向，那就是只见树木，不见森林；如果战略错误，细节再完美也无济于事，细节越完美，浪费的人力物力财力即社会资源越多，危害越大。在战场上，战略性错误是不能犯的，因为一个战略性错误可能导致全军覆没。在教育教学中，大失误必然是战略失误，小失误只会是细节失误，战略错了回天无力，细节错了还有改进的余地。不仅是周期比较长，如一个单元、一个学期的教学安排需要战略性思维，即便具体到一节课，也同样需要用战略的眼光去设计、组织和展开。

教师对教学要有“顾全大局”的战略性的考虑，制定教学计划和教学目标时要有战略思维，考虑学生的实际，一切的教法、学法、教学环节、细节都应当围绕“战略”展开，落脚到学生的学会和会学，只有这样，教学才不会迷失方向。

而有些老师太斤斤计较于某些细节，而于整堂课行进的战略方向，却不怎么上心，一节课下来，不知道究竟让学生重点掌握什么和让学生怎么学会，给人的感觉就是模模糊糊的一大片，非常散，完全失去了学科教学的魅力，又怎么能打动学生呢？

理想的教学应当是战略和细节的完美统一，就像鸟的双翼，缺一不可，否则是要栽跟头的。

在“讲与不讲”的夹缝中追寻诗意

得课堂者得天下！如果说课堂是一名教师思想存在的方式，那么他只有借助于课堂这个载体，才能实现自由思想振翅冲天的快感和超越。

没有见过风景的人，会把盆景当作风景；即使见到了真的风景，也不应只停留在一处。一堂课的好和坏，不能单用“讲”与“不讲”来评价，而是看学生是否达到“三动”，即手动、口动、脑动。

在新课改背景下，传统的严格意义上的教师教和学生学，将不断让位于师生互教互学，形成一个真正的学习共同体。我们虽应该反对“以知识为中心”，没有交流、没有互动的“讲”，但不是反对所有形式的“讲”。

讲与不讲，不是一成不变的，问题是教师怎么“讲”，什么时候“讲”。笔者认为，以下几种情况下，老师绝对不能放弃自己的“讲”：

在学生学习遇到困难时；学生质疑问难时；在提问而不能答，指点而不开窍时；经过讨论不得要领时；为了让学生对某一问题有深入的认识；为了帮助学生突破某一思维障碍；对那些能开启学生心智，体现教学要求的重点、难点。

新课程不是不要教师的“讲”，而是对教师的“讲”提出了更高的要求：讲在重点的关键处，讲在知识的概括处，讲在思维的提升处。所以，课堂上教师不是要讲得“少”，而是要讲得“精”，一堂没有教师精要讲授和适时点拨的课一定缺少深度，正如崔峦先生所说：“既要尊重学生，也要发挥教师的指导、点拨、调控作用，对学生理解不到、领会不深和理解错的地方，要订正甚至做必要的讲解，不能视而不见，放任自流。”

但教师的讲绝对不能代替学生对知识探求的自主体验。在新课改背景下，“讲”的最终目的是为了“不讲”。“不讲”，更多地是指教师不代替学生的“学”——对知识内容和知识产生过程的认识体验活动。

体验是最好的教育，任何一种体验，都会使幼小的心田萌发对理想的憧憬。只有学生亲身体验到的启发和收获，才能最终沉淀在他的内心深处，成为一种素质，一种能力，伴随一生，受用一生。本来，青少年充满活力，有着强烈的求知欲和表现欲，然而，一些老师在课堂上只是一味地讲啊讲，生怕学生听不明白，而学生也只能是被动地听啊听。殊不知，这在一定程度上剥夺了他们用自己的眼睛去观察、用自己的心灵去体验、用自己的头脑去思考、用自己的双手去创造的权利，或许正是学生学习兴趣不能被唤起的真正原因。

“没有自我教育不是真正的教育”，不管是技能的操作，还是知识传授，都需要学生用自己的感官去体验，并经过大脑加工整理和储存，缺少这个内化的过程，任何措施都是无济于事的。所以，笔者认为，在课堂教学中，教师应该坚持“三不讲”原则，即“学生已会的不讲、学生自己可以学会的不讲、讲了学生也不会的不讲”，要给学生创设情境和氛围，充分尊重学生，敢于放手让学生提出问题、思考问题、探究问题，争取给学生提供更多的机会去体验，体验生活，体验自主，体验过程，体验创新，体验成功，进而培养学生的创新精神和实践能力。正如专家们所建议的那样，给孩子一些机会，让他们自己去体验，给孩子一片天空，让他自己向前走。教师再也不能把知识传授作为自己的主要任务和目的，再也不能把主要精力放在检查学生对知识的掌握程度上，而应成为学生学习的激发者、辅导者、各种能力和积极个性的培养者，把教学的重心放在如何促进学生"学"上，从而真正实现教是为了不教。理解达不到这个高度的老师，最优秀者充其量是个演技较高的演员，糟糕者则可能是一个愚蠢而又专制的暴君。

所以说，课堂教学需要"讲"也需要"不讲"。一名优秀的教师，不单单是让学生拥有知识，更重要的是唤醒学生沉睡的潜能，让学生拥有智慧，应该根据学生的差异、内容的难易、课堂的变化，适时调整讲与不讲的比例，把讲与不讲巧妙和谐地统一起来。总之，教师应该通过自己的"讲"，让学生在有温度、广度、深度的课堂浸染中日渐茁壮，让学生在一块石头里看到风景，在一粒沙子里发现灵魂；但也要通过自己的"不讲"，给学生增加更多的自主思考、实践、体验的机会，让学生在广阔的精神空间中自由驰骋，在思想的恣肆狂涛中体验生命顿悟的喜悦。

《功夫熊猫》与“因材施教”

《功夫熊猫》剧中的浣熊师傅用全身心的爱造就了太郎，用严厉和苛刻造就了勇猛五将，然而面对熊猫阿宝却一筹莫展。阿宝除了对功夫有着满腔热情并怀抱成为功夫大师的“不现实”梦想之外，没有任何从事“功夫”这个事业的资质上的优势，体形太胖、自制力差、好吃、嘻皮笑脸，而且他没有任何功夫底子，不会一字步也不会跳高。用一般的教育眼光来看，阿宝是“朽木不可雕也”，永远不可能成为武士。

但善于观察的浣熊师傅发现，阿宝天性贪吃，为了一块桃酥，他竟能跳上 30 米的高空且能在空中做出标准的一字步姿势。于是浣熊师傅找到了训练阿宝的“绝招”——用吃的东西诱惑或鼓励阿宝。而阿宝对吃的这种本能热爱使他迸发出内在的潜能和创造力，从而出色地完成了拯救和平谷的使命，并成为新一代的功夫宗师。

看完影片后我得出一个结论：最大限度地实施因材施教，是教育成功的先决条件。笔者相信：每个人都是天才，在某一方面都有很强的潜力，但只有适当的方法才能把它激发出来。苏霍姆林斯基曾说：

“世界上没有才能的人是没有的。问题在于教育者要去发现每一位学生的禀赋、兴趣、爱好和特长，为他们的表现和发展提供充分的条件和正确引导。”我认为这也是庸师和人师的区别所在。试想一下，如果浣熊师傅削足适履，一味地按照教科书循规蹈矩地教育阿宝的话，那么阿宝简直不是练武的材料，更别说成为英雄式的人物。如果浣熊师傅一味地指责阿宝的种种的不足，比如体形太胖、自制力差、贪吃等，又怎么能够挖掘出阿宝的巨大的潜能呢？

但在我们的课堂上，很多教师不相信学生的发展潜力，习惯于采取“一刀切”的教学方式，习惯于给学生划分“三六九等”，那么是不是差生就永远“差”下去？显然不是！阿宝的成长经历告诉我们，每个个体都有着无穷的发展潜力，没什么功夫的阿宝也能被培养成最伟大的战士。看来，没有学生天生是差生，只要我们能尽心去培养，“差生”也一定能够成才。

陶行知曾说：“培养教育人和种花木一样，首先要认识花木的特点，区别不同情况给以施肥、浇水和培养教育。”一些老师常常抱怨学生身上有着这样或那样的缺点，但如果学生都是完美的人，那么学校与老师也就没有存在的必要了。换一种眼光观看，世上事本没有绝对的好坏，缺点也是可以利用的资源，适时引导，顺势而为，也会收到意想不到的教育效果。聪明的老师从浣熊师傅对阿宝“无招胜有招”的因材施教中，应该会受到一些启发吧！所以，我们不能动不动就责怪学生资质差、没有天分，面对一个与众不同的学生，面对一个很有潜力的学生，扪心自问一下：我们真的努力去寻找适合他的教育方法了吗？

别让大脑成为教参的跑马场

《项链》是法国短篇小说巨匠莫泊桑的代表作，女主人公玛蒂尔德是大家耳熟能详的形象。对于这样的经典小说，如何引领学生探寻主人公的心路历程、把握人物的性格，应该是教学的重中之重。所以，笔者在讲授莫泊桑代表作《项链》一课时，设计了这样一个问题：你怎样看待玛蒂尔德这个人物？

刚开始，学生的回答完全在我意料之中，不少学生把教参上的说法搬了过来，认为玛蒂尔德是一个爱慕虚荣的小资产阶级的女人。于是，我不失时机地“幽了学生一默”：“看！一不小心我们的大脑就成了教参的跑马场。”

在学生会意的笑声之后，我接着说：“文学作品的解读应该是多元的。如果满足于照搬教参上标签式的解读，而没有自己独立的思考和体验，那么你永远感受不到文学作品的魅力，人物形象也不会在你头脑中丰满起来。”

继而，我给学生讲：“我们传统的解读之所以得出‘虚荣说’的结论，一是因为我们原来太习惯从阶级斗争的角度来解读文学作品，二是因为我们不了解法兰西的文化和历史。我们经常说，解读文学作品，要知人论世，而对这一篇小说的解读，很多人恰恰忽视了这一点。法兰西民族是世界上最浪漫的民族。举一个简单的例子：如果一个法国人身上只有一个法郎，男士可能买一束玫瑰，女士则可能买一瓶香水，而不会去买一个烧饼充饥。这就是法国人的气质。女主人公玛蒂尔德生活在19世纪的法国，那时的法国是欧洲时尚的中心，体面也已成为法国人在社交场合的共同追求。对法国女人来说，能够在某一次上流社会的舞会中露面并成为舞会的皇后，即使付出十年乃至更多的辛劳，她可能也觉得值得。对法国男人而言，不支持女士的这个选择，他就会觉得自己不够绅士，不是法国男人。这不是虚荣。”

对“虚荣说”简单“批判”之后，我对学生说：“文学作品中人物的思想性格是由人物的言行举止、心理活动表现出来的。因此，要考察其形象特征，必须考察文本中人物的言行举止、心理活动。请同学们再次默读一遍小说，结合人物的言行举止、心理活动进行独立思考，然后再来评价玛蒂尔德这个人物，好吗？”

十分钟后，有学生陆续举起了手。

“玛蒂尔德是一个忠于爱情的善良的女人。她是那么漂亮，在晚会上可以说出尽了风头，所有的男人都在留意她，她完全有资本去过她梦寐以求的生活，但她没有这样做。丢了项链以后，她也没有嫌弃丈夫薪水微薄，没有凭姿色向达官贵人投怀送抱，而是和丈夫一起辞退了仆人，勒紧裤带过日子。”

“我补充一点。当玛蒂尔德向丈夫提到要用400法郎做衣服时，她小心翼翼、吞吞吐吐，唯恐吓着他或给他太大压力，这反衬出她的善解人意和通情达理。”

“玛蒂尔德是一个诚实守信的人。当借来的项链丢失后，玛蒂尔德心急火燎，如大祸临头，连上床睡觉的力气都没有了，想到的只是如何才能找到项链。当确认再也找不到时，她想到的依然是如何按时还上，而不是选择赖着不还、买个假的还上、逃之夭夭或靠堕落还债等等。她恪守道义，用自己十年的辛苦劳动挣钱还债，这说明她不是贪图享乐的人，也无可辩驳地证明了她坚守了人最起码的尊严、诚信和坚强。试问有几个贪图享乐、爱慕虚荣又年轻美丽的女子会选择玛蒂尔德这样的做法?”一个男生铿锵有力的发言博得一阵掌声。

……

学生的发言虽然五花八门，但我喜在心头，知道这节课的目的达到了。因为学生对玛蒂尔德这个人物的感受已经逐步立体起来。我始终认为，只有让学生思考得更加深入，才能让他们的精神之树生长得更加茂盛。那种没有高尚价值引领、没有思想深度的语文是庸俗的语文、粗劣的语文，甚至是罪恶的语文，因为它培养的是一批批丧失独立思考能力的“空心人”。

最后，我总结道：“通过我们刚才的分析，莫泊桑笔下的玛蒂尔德这个人物远远不是‘虚荣’二字所能概括的。我读这篇小说时，常常会感慨命运的诡异和个体在其笼罩下的无助。正如作者所言：‘极细小的一件事可以败坏你，也可以成全你！’一个小小的假项链毁掉了玛蒂尔德十年的青春，演绎了一出普通人的悲壮之歌，但玛蒂尔德身上依然保持着善良、坚韧、守信、忠贞的亮点，这是多么难能可贵啊！对于生活在社会中下层的这样一个不幸的弱势女人，我们更应该掬一把同情的泪，而不是随声附和地盲目批判。希望这节课能够带给大家一些思考。”

是谁让我的母语投降和哭泣?

今天读到《汉语给英语的投降书》一文，作为一位教授中国语文的中学教师，心里颇不宁静。

本来，汉语是联合国的6种工作语言之一，也是世界上使用人数最多的语言，我们理应为之感到骄傲和自豪。可不少人却对汉语表现出一种严峻的冷漠，他们只会为能说一口流利的英语而自鸣得意，却毫不在意母语表达上的词不达意。我们曾经无数次地面临这样的尴尬情形：人们为托福满分而欢呼，却对母语的错别字连篇无动于衷；高校中文系学生过不了英语四级考试就拿不到学位，可写不出“锦绣文章”却无人计较。

在世界上无论哪个民族都会以自己的母语为自豪，但是在中国却大规模地推广别人的语言，甚至认为其重要性超过了母语，这是在任何国家都看不到的怪现象。

“母语有了危机”、“母语遭到伤害”，2004年王蒙先生的这番发自肺腑、振聩发聋的话语绝非危言耸听，而是现实生活中普遍存在着的事实。

记得在上海举办的第四届全球华人物理学家大会上，500 多名黄皮肤黑头发的学界精英出席大会。然而，这次大会上却有一个奇怪的现象，那就是从论文汇编到会议网站，从演讲到提问，甚至会场门口的指南，全是英文。有位香港大学的博士很纳闷：为何论文汇编没有中文？也有人申请用中文作报告竟然没有获得大会主办方的同意。只有诺贝尔奖得主美籍华人丁肇中教授，坚持以中文作报告，成为唯一"反潮流"者。这些有着高深学问的专家学者在自己的国土上竟然不讲"母语"，这种现象可谓"天下奇闻"。难怪武汉大学的朱湘教授在一次讲演中不无感慨地说："汉语现在已经明显成为了一种弱势语言、一种第二阶级的语言，甚至说得不中听点是奴隶的语言。"

一位网友曾不无感慨地写道：

与其说是英语的入侵，倒不如说是中国人自己不把自己的语言当作一回事，自己看低了自己的母语。学生要想拿到大学毕业证英语得过四级、评个职称也得考职称外语，也不管你是否用得上，反正你不考就评不上职称。在有些场合就连"中国"二字也懒得说了，只用 CHINA 来代替了。这不，在雅典奥运会上，中国运动员的运动服上除了"CHINA"和国旗以外，"中国"这两个最具"母语"代表性的汉字却杳无音讯。难怪，岳母好奇地问我：比赛场上哪方是中国队呀！好在我还认识"CHINA"这个英文单词和国旗这个标志，否则，为数不少的中国人会认为参加奥运会的全是外国人呢！

"我们的华语世界，已经到了濒临失落与拯救的边缘！"海峡两岸的多位著名作家——余光中、莫言、苏童、马原等都做出这样的表达。余光中不无痛心地说：英文充其量是我们了解世界的一种工具而已，而汉语才是我们真正的根。“当你的女友改名为玛丽，你怎能送她一首《菩萨蛮》?”

于漪老师指出：“如今的语文教育都是以高考为指挥棒，我觉得语文是非改不可了。对自己的母语没有感情，不学习，还算什么中国人？我有一次看到小学语文要用英语来教，还美其名曰‘双语教学’，我说这种做法比殖民地还要殖民地。”

众所周知，语言本身是一种工具，但同时它又是一个民族的文化基因和灵魂。语言与民族、文化的关系是唇齿相依、鱼水共存的关系。一个民族如果丧失自己独特的语言和文化，这个民族也消失了。

很多中国人认为，日本文化起源于中国，大谬！这是一种虚无自大而自卑的民族自信心，日本文化与中国文化有质的差别。大化改新学习唐朝，明治维新学习西方，都没有失去其民族文化，这正是日本崛起之原因。一个民族，不与时俱进，不学习，则难以进步，但是一个民族如果没有自己的本真，则如邯郸学步，东施效颦，“画虎不成反类犬。”

对于所有的中国人来说，我们的母语是民族精神的载体与表现形式，延续着五千年的文化命脉，是中华文化永远不可丢弃的家园。倘若任凭母语在外语热中衰落，那意味着以汉语为载体的中国民族文化处于一种尴尬的危险境地。不敢想象，如果我们的国民真的如一些热衷于“NoChinese”的人所期望的那样，最终与西方人说着同样一种语言的话，我们的民族文化还将继续存在下去吗？丢弃了母语、冷落了母语，就会让中华民族失去赖以生存和发展的空间，我们以及我们的后人将会愧对列祖列宗，成为千古罪人。中华母语的强盛就是中华民族的强盛，中华母语的发展就是中华民族的发展。

中国人，请珍爱自己的母语吧！不要让她投降和哭泣！

附：

汉语给英语的投降书

佚名

尊敬的英语先生：

我决定投降了。因为在我们的较量中我已经没有资本了。曾几何时，中华民族以其丰富的智慧创造了我——汉语。我有优美的体形，因此有众多的书法家临摹；我有深刻的寓意，因此有众多的诗人、文豪吟诵；我有深厚的历史，因此记载了中华民族的兴衰荣辱。但是我没有想到，仅在弹指一挥间，我就被你击得连连后退几乎没有还手的余地了。我很失败，请允许我总结一下我的失败过程。我们最初的亲密接触开始于清朝，但是很长的时间之内你并没有得到中国人民的认同。直到20世纪80年代后期，我们的地位出现了微妙的变化。你开始在各种各样的“政策”引导下，一次又一次地击中了我的软肋。

现在已经出现了这样的情况：中国的任何一种晋级考试（考初中、高中、大学、研究生、领导升迁、进职评职称、进大城市找工作……)都需要深刻地体会你伟大的权力。也就是说，只要是希望通过教育得到更好生存地位的中国人，都必须臣服于你，否则就没有机会。

在中国古代文学的研究生入学考试中，有专业非常优秀的学生因为英语没有达到分数线而被拒绝。这就是你的权力所在，我真的不知道，中国古代文学的研究有你什么事？中国的大学生需要在大学里学习2～4年的英语，并且要通过大学外语四级考试才能安全毕业，可是《大学语文》只需要进行象征性的学习就可以了。于是一直以我为骄傲的民族就在自己的高等教育领域里将我冷落着（我还不说抛弃哪）。

可是德国、法国等国家，禁止用外国语言对自己的学生进行教学，在澳大利亚、加拿大等国家，不少移民正在争夺自己母语的教育权。而在中国，我却逐渐在失去自己昔日的辉煌的地位。我没有能力阻止你的大肆扩张，因为我没有能力阻止人们通过你实现更高生活的欲望，所以我从现在开始，向你投降！

这里是我的投降书，请接收吧！

汉语

某年某月某日

在喧闹的思潮中我们需要冷静

语文教育三年五年一小变，八年十年一大变，是不争的事实。语文教育的变化如此频繁，以至于让我们疲惫不堪，当我们回过头来追问我们为语文教育积累了什么的时候，就只剩下了面对新与旧的一片茫然。

虽然没有统计学上的数字说明这个情况有多么地普遍，但在很多有关的会议上，许多教师都对此表示了抱怨和无奈。与时俱进成为了时髦的口号与跟风的行动，一个不容回避的问题就摆在了我们的面前：在语文教育的本质上，到底有没有不变的基础？如果有，这个基础是什么？如果没有，那我们所坚持和提供的又是什么样的语文教育？所谓的教育的百年大计又在哪里？

改革的热情或许没让我们昏头，却让我们失去了一些不应失去的立场。其实，在语文教育改革中，我们走入一个严重的误区：我们寄希望用频繁的政治式“运动”来改进语文教学。虽然我国现代语文教育已经走过一百多年的历程，但一开始就没有冷静分析我国古代语文教育的是与非，没有顾及中国语言文字自身的特点，盲目地学习西方。我们不能忘记语文是有民族之分的，我们教授的语文姓中不姓外。近百年来，在语文教育改革上，我们重视了“求同”忽视了“存异”。语文教育首先是母语教育，不能因为国际化而扔掉民族本位。任何民族的母语教育都有鲜明的民族特点。我们中国语文教育现在出现的许多问题恰恰是忽视民族本位和盲目国际化的结果。当我们都在抱怨语文教育的少慢差费并开出种种从国外抄来的药方而不见病情好转时，又有几个专家想过我们民族的语文教育传统？100多年来，我们的语文教育没有能自觉地从汉字、汉语的自身特点出发来进行改造，实际上一直在自我迷失或者说自我异化。比如：识字教学，现在课堂上的识字教学常用的方法几乎都是用拼音法，为识字而识字，结果我们用九年的时间还解决不好一个识字问题！看看中学生、大学生甚至于研究生的错别字连篇的文章就可见一斑！其实，我们严重忽视了汉字从每一个字的创造到整个体系的形成与发展，都洋溢着中华民族的大智慧，包含着丰富的文化基因信息。在识字教学过程中，完全可以自然地对学生进行德育、美育、智力等开发。笔者研究发现，我国古代传统的书塾教学运用这一规律，基本上用两年的时间就解决了3000多常用汉字的教学内容，上两年书塾就是半个先生——温文尔雅、知书达理、能读能写能说。在2004年召开的一次关于小学教育的研讨会上，有专家指出中国小学国文教育方面存在的诸多问题。以识字为例，小学六年毕业的识字标准是2450个汉字。小学六年、托儿所一年、幼儿园一年，八年学2450个汉字，每年365天，八年平均每天学0.84个汉字，还不到一个。我们再看传统教育，《千字文》是1000个汉字，《三字经》是1145个字，《百家姓》568字，加起来有2700多个汉字，去掉重复的也绝不会少于2450字。需要多少时间呢？在一年左右就完成了。况且传统教育是“礼乐射，御书数”的全面发展，不只是学文。如果我们真的对子孙后代负责，不想再自误误人，就应该认真地检讨一下，传统教育是否真的就一无是处。章太炎先生早就高声呐喊："今之教科书，固勿如三字经远甚也"。

早在建国初期，张志公先生曾提出从传统的教育中总结经验指导我们开展新的教育教学工作，但没有引起重视。在这里我想举张志公先生在《传统语文教学研究》的一个研究成果来说明一下传统教材的意义和价值。张先生通过研究指出："一本《千字文》从南北朝直到清末，流行了一千四五百年，成为世界上现存的最早、使用时间最久、影响最大的识字课本。"回过头来再看看我们的教材经过了多少年的淘洗了呢？

在喧闹的思潮中，我们需要冷静、冷静、再冷静！研究"不变"（如：中国语文的特点、语文的教学规律、丰厚自己的文化底蕴等）比研究"变"更重要。不盲目与时俱进和追赶教育流行色，潜下心来研究语文教育不变的东西才是我们最应当努力的方向。

我们现在的很多教育教学改革，是在把简单的问题复杂化，很有些削足适履和形式主义的倾向。对此，我有一个固执的想法：中学也好，小学也好，语文的事情哪有那么复杂？教师自己先爱读书读好书了，再使学生爱读书读好书；教师自己先把文章写好了，学生熏呀熏的也能写得不错了；教师上课出口成章了，学生学呀学的，也能意畅辞达，甚至富有文采了——不就得了吗？在我看来，所谓的"课改"，就是让语文回到语文。所以，陶行知、叶圣陶、蔡芸芝、老舍……包括三味书屋的寿镜吾，倘能复生，他们虽然没有什么时髦的新理念指引，但依然是最好的语文老师——才不管它这性那性呢！

在我心目中，理想的语文教师是五四那一代，那是一个群星灿烂、大师频出的时代，他们的渊博、大气，浑然天成。他们仅靠一支粉笔、一腔热血和才情给了中国整整一代人最好的精神食粮和人格陶冶。无论我们现在如何“努力”，我们事业的“辉煌”都是有限的，因为我们这一代的文化底蕴与那一代实在是无法比拟的。

我们不少的老师常常羡慕名师的课堂，每次优质课比赛期间，总有不少老师照搬或模仿名家的课堂教学，但就是上不出那种味道！许多老师的课堂不能说不合理，教学流程不能说进行得不顺利，但给人感觉就是缺少深度！至于原因，我认为是：只注意学名家课堂的一招一式，而忽视了名家背后深厚的文化底蕴。从某种意义上讲，课堂教学是教师文化底蕴的释放和展示。如果教师的底蕴不够，课堂又怎么能够上出深度呢？所以，作为教师，应潜下心来，努力读书，丰厚自己的文化底蕴，修炼上乘内功。

归去来兮，死记硬背

针对语文教学的少、慢、差、费现状，吕叔湘先生尖锐地指出：“10 年的时间，2700 多课时，用来学本国语文，却是大多数不过关，岂非咄咄怪事！”这其中固然有许多原因，但忽视“背功”，不能不说是个非常直接的原因。我们冷静地分析一下，学语文 12 年后，学生能背多少名家名篇？能背唐诗 300 首的，可能就更寥寥无几了。“犹渡江河弃舟楫”，造成“不会吟诗也会吟”只能是一个奢望。

“旧书不厌百回读，熟读深思理自知”。从人的学习规律上讲，“背”是学会的第一步。小孩开始学话，是先于内心中受父母影响形成潜意识，而后开口机械地死记下大人所教授的语言，逐步开始自己领会并用语言表达自己的思想；初上学时，又是背下了老师所教的每一个内容，这样才一步一步地学到了东西。我们现在的语文教学过多地注重了传授知识的系统性，过分地强调了理解的重要性，殊不知这些知识、理解是需要“识记”作基础的，如果没有“背”的基础，理解是不可能的。记忆背诵过程是一个知识的不断积累过程，也是思维训练和感悟陶冶的过程。现在有一种很流行的说法：记忆和背诵要在理解的基础上进行。这话听起来似乎有道理，但是，“理解记忆”对于我们这些读书多年的成人而言或许可以说是易如反掌，然而对于没有多少知识储存的中小学生来说，等于是无米之炊，是缘木求鱼！过分强调“理解”对“记忆”的作用，忽视“记忆”对“理解”的作用，岂不知没有“记忆”哪里来的“理解”？如果不是小学六年的基础教育死记硬背了上千个汉字以及这些汉字组合的内在含义，我们又怎能领着学生读懂一篇篇课文，怎能理解数理化等自然科学中深奥的秘密？“理解”需要“背诵”作基础，如果没有“背”的基础，没有知识的积累，理解是不可能的。

上海复旦大学附中的黄玉峰老师一针见血地指出：“‘死记硬背’有什么不好？在记忆力特别旺盛的青年时代，就是要死死地记一些，硬硬地背一些。这就是语文基础，这就是本钱。现在中小学语文教学过多地‘架空分析’，是在浪费学生的大好时光，是不符合读书规律的。”一位网友说得好：“现在我们的教育是：该死记硬背的不记不背。而不必去记去背的垃圾东西却让学生拼命地背！例如，中国传统文化的精华、现代名家名篇中的精彩语言……这些，死死地记住、硬硬地背出来，不仅有利于语文能力的提高，更是一个人修养的重要方面。”

全国著名特级教师洪镇涛先生强调：学习语文，应该要有“吞”的功夫。中国古代教育的优秀传统证明：强化背功的训练，是语文教学走向成功的先决条件。私塾的读书程序是先背诵后讲解，这种做法延续千年，自有其合理之处。正是因为有“死记硬背”做基础，司马迁才写出“史家之绝唱，无韵之离骚”、才有唐代三大诗人的佳作名扬海外，宋朝各大名家的篇章千古流传；“胸藏万江凭吞吐，笔有千钧任歙张”的郭沫若，惊人的“背功”令世人惊叹；三味书屋中的鲁迅读的书逐步加多，自然是“背”的书在逐步加多，而且能将先生诵读的晦涩难懂的书一生记住；巴金十二三岁就能背几部书，《古文观止》能倒背如流。巴金自己也曾深有感触地讲：“这二百多篇‘古文’可以说是我真正的启蒙先生，我后来写了二十多本散文，跟这个启蒙先生很有关。”茅盾更是能任由别人抽考背诵《红楼梦》的任一章节。至于自然科学家苏步青先生更是此中高手，他小学毕业时，就能把整部《左传》和《唐诗三百首》倒背如流。刚进中学，他的一篇《读〈曹刿论战〉》令老师大吃一惊：十几岁的孩子怎能写出这么流畅、犀利的文章？于是顺口举了一篇《子产不毁乡校》让他背，苏步青一口气背完，说：“整部《左传》，我都可以背出来。”

朱光潜老先生曾回忆道：“私塾的读书程序是先背诵后讲解，在‘开讲’时我能了解的很少，可是熟读成诵；一句一句地在舌头上滚下来，在儿童时却是一种乐事……我现在所记的书大多都是儿时背诵过的，当时虽不甚了了，现在回忆起来，不断地有新领悟，其中的意味都是深长的。”朱老的一番话，应对我们有所启发：语文教学首先应该强调“背”的教学，学生对课文熟读成诵后，自然就理解了。这种做法，好比先贮存上许多干柴，以后一有火种，自然会着。相反，我们现在的语文教育，由于长期忽视背诵和积累，造成大部分中学生连造个句子都感觉难于上青天，甚至于十几年寒窗毕业的大学生、硕士生、博士生们谋职时写一篇自荐信都搜肠刮肚，不能不说是我们语文教育的失败。

有人曾做过一则有趣的统计：古代科举考试考生要想“金榜题名”，必须将《论语》《孟子》《书经》《礼义》《左传》等40多万字的书，全部精读背熟；此外，还要看原文几倍数量的注释及其他非读不可的经典、史书、文学书籍等。我们的前人真是聪明，他们把学生到学校受教育叫“读书”，正是抓住了最关键的东西，他们并不对学生奢谈理论，而是充分地让学生模仿、积累、训练、自悟，老老实实地读、抄、默、背，一篇又一篇，一本又一本，几年之后，腹中渐富，直至最终学富五车，成名成家。古代的诸多先贤圣人，何尝不是从“背”中始步而逐步辉煌的？封建科举制度的考试，纵有诸多不是，但重视“背功”教学的历史功绩却是永远不可抹杀的。因此，从这一点讲，我们必须要从战略意义上，充分而合理、有效地汲取传统语文教学的精华，高度重视“背功”教学，对学生要有“背”的要求，给学生留出“背”的时间，还要有检查落实，只有这样才能真正解决学生“腹中空”，“根底浅”的弊端。

多年以来，教师讲风太盛，“满堂灌”、“一言堂”统治课堂多少年，培养出了多少“抄写员”，只会抄，不会“记”。近年来，又片面强调“目标教学”，学生成了老师实现目标的工具，主体地位仍然不得体现。在教学思想上，我们过分强调学生阅读分析能力的培养，强调传授知识的系统性，以至于面对初中学生幼稚如学童的分析还要想方设法大加赞赏，以至于初中学生回答问题只会往外蹦“单词”，而不会连词成句，又怎敢奢望他们思维缜密，口吐莲花？而过分强调“激励评价”又导致了学生辨别能力低下，满足于“答对”而不追求“答好”，更何况平时不注重对学生进行有效的读背训练，忽视学生学习语文良好的读背习惯的培养，想“答好”谈何容易？只落得上课热热闹闹，课后空空荡荡，学生收获甚微。多年来语文教学改革风云变幻，教师尚且不知“课”如何上，再加上沉重课业负担的压迫，学生理所当然地抛弃了对可以作为终身发展支柱的人类文明精华的记忆背诵。

当然，在语文教学中一再强调的“死记硬背”并不是背段落大意、中心思想之类，而是背诵蕴涵着几百几千年人类文明精华而中学生又暂时不能借助理解来记忆的经典篇章。学习老牛吃草的方法，先狼吞虎咽，再慢慢咀嚼，慢慢吸收，随着阅历的加深，年龄的增长，就会慢慢品味出“更深一层的人生况味”。

是天使还是魔鬼：口舌游戏与无聊炒作

2005年春节过后，高二的学生发现武侠小说家王度庐《卧虎藏龙》和金庸先生《天龙八部》的节选文字入选了高中第四册的语文读本。此事经记者报道后，竟然在社会上掀起了轩然大波。赞成者视为天使下凡，兴高采烈；反对者则视若洪水猛兽，欲除之而后快。两篇节选文字让高中生读读，在21世纪的中国仿佛成了一个轰动社会的天大事件，也不能不说是一桩怪事了。

曾有几个编辑邀我谈谈“这一事件对中国语文教育改革和发展有何意义?”我说我讨厌这种提法。不要把此事件硬和“中国语文教育改革和发展”往一块粘。王小波在一篇杂文里说他在北方某地见到一群耍猴的人开场白是这样说的：“为了繁荣社会主义文化事业，丰富人民群众的业余生活——现在给大家耍一场猴。”而偏偏他是个不喜欢猴子的人，他认为扮鬼脸的怪相太难看，但一走开，就担上了“破坏社会主义文化事业”的罪名，所以只得硬着头皮看。

对于“武侠小说入选读本”这一“事件”，我等俗人本无表态的必要，但怕担上影响“中国语文教育改革和发展”的罪名，也只好凑合着说上两句。

我就纳闷：武侠小说既然称作小说，便是小说的一种，是一种文学样式，高中生为何不能读？武侠小说作为一种普遍的文化现象，更蕴涵着许多中华文化的精粹。著名导演李安根据王度庐武侠小说《卧虎藏龙》改编的电影以其中华文化审美内蕴震惊世界，获奥斯卡大奖，如果《卧虎藏龙》是垃圾的话，那么奥斯卡大奖的诸多评委也就都是白痴了。

而金庸大侠的《天龙八部》集历史、宗教、医学、武学等许多知识于一炉，文化内蕴丰富，有着相当强的文学性。新加坡《联合早报》一篇社论对金庸小说的“观察”，非常能说明金庸小说对我们的阅读生活的参与度：“好比洋人不能不知‘哈利·波特’，在华人世界里，谁要是不知段誉、乔峰、杨过、小龙女为何物，也可能会让自己在很多场合显得老土、落伍，旁人谈笑风生而自己却插不上话，只能红着脸尴尬地傻笑。”

而仅2005年以来就已在CCTV《百家讲坛》上“八讲”金庸的北大学者孔庆东，也在接受《北京青年报》采访时说，金庸小说20世纪50年代一出世就热，自港台、东南亚到80年代以来的神州大地，可以说热了半个世纪，从空间上看，有华人处，便有金庸小说，地域之广超过了“凡有井水饮处，即能歌柳词”的柳永。受金庸武侠小说“流毒”影响的读者是以“亿”为计量单位的，其读者群覆盖老人、少年，有邓小平、蒋经国这样的政治家，还有杨振宁、李政道、华罗庚这样的科学家。按照某些人士的观点，看来我们应当对邓小平、蒋经国、杨振宁、李政道、华罗庚等大家深表遗憾了！

部分道德人士担心学生沉溺于武侠小说，影响学习。其实，现在的学生看武侠电影和电视剧的数量和时间大大超过看武侠小说，如果要禁武侠小说，是否连武侠电影和电视剧也要禁呢？最好建议广电局电影和电视都不要生产。然而当代社会，可能让一些学生沉溺其中的诱惑物又何止武侠小说？网吧、校园恋爱、流行歌曲、歌星球星、漫画街舞、扑克麻将、香烟毒品、黄碟淫秽读物……不胜枚举，都可能让孩子们沉溺其中，我们是不是都把孩子们藏到真空里？

武侠小说入选语文读本本来是很正常的事，根本无须大惊小怪。要我说，不把优秀的武侠小说的精彩篇章收入课本才是不正常的。此事件本身就是无聊的口舌之争，更有出版社和媒体炒作之嫌疑。作为编教材的出版社，把教材卖出去是最大目的，即使说得再冠冕堂皇，也无法掩盖这样的一个事实。就像儿童食品一样，基本的配料不变而把包装颜色搞得鲜艳一些，无非是为了更好地吸引儿童的目光。狄马先生说得好："中国人喜欢把放屁也蒙上一层神圣的道德光环，好像天兄下凡的杨秀清。"

如果按照"百花齐放，百家争鸣"的方针来审视我们的教材，会发现我们的语文教材有着明显的残缺。多年来，中学的语文教材虽然在不断地改变，但总体上仍然贯穿着"革命与道德"的主线。文言文姑且不说，现代白话文的大多数文章也都或多或少充斥着道德说教。"革命和道德"当然没什么不好，但仅有"革命和道德"显然是不够的，尤其是当社会发展到了"建设和谐社会"的今天。让人没想到的是，在主线不变的情况下，节选了几篇武侠小说，这么一桩小事就让这么多国人意淫了一把。它折射出当今中国文化界、教育界的弱智，实属耻辱！实属笑谈！实属可悲！

看来，中国教育的改革还任重而道远。

别让写作游离于学生的言语生命之外

作文教学首先应该是顺应自然的教学，这个自然，就是存在于学生生命本能中的言语需求和天赋。学生的言语意识、言语才情、言语智慧，应该是从他们鲜活自由的内在生命中生长、绽放出来的绚丽花朵。因为，孩子的观察角度、思维方式、选择兴趣和情感体验与我们成人明显不同。但是，当前的多数作文教学恰恰忽略了这种差异，学生的写作语言游离于他们的言语生命之外，超越了他们写作的现实。

我们的语文教师总喜欢引导学生“要写有意义的事情”“说崇高的话”，用“群性话语”“公共思维”和“成人模式”，让全体学生都用一个模式思维、用一套语言说话，杜绝学生的个性语言，武断地干预甚至窒息他们的言语禀赋，以换取毫无灵性的、工具化的言语操作能力。

于是，多数学生无法说出自己的真实体验，无法抒发自己真实的内心感受，无法说出有独立精神体验的个性话语。再者，教师们如此这般日久天长地耳提面命，一节课一节课地训导熏染，学生就学会了根据不同的公众场合、根据不同人的需要，违心地写符合要求的作文，说人们想听的、千篇一律的话，而没有符合自己年龄阶段的、自我的真实体验，有时甚至说假话、套话。

我们可以抽查天南地北、城市乡村的学生作文，会惊人地发现：相当数量的作文，从谋篇布局到词语的选用，甚至开头结尾，都如出一辙，却很难见到符合学生言语生命的、富有个性的文章。这些不同区域的孩子有着千万张不同的面孔，而他们的作文却有着大体一样的精神套路和言语方式，岂不怪哉？

本来孩子们是能够写出个性来的，他们是有自己独特的语言、独特的观察、独特的思维的，可是，日久天长，他们的天性被一些语文老师给磨灭了，给扼杀了。孩子们被纳入了一个个早已准备好的套子之中。比如：写松树，就必须写松树坚贞的品格；写草地，就非得写小草默默无闻地为人类做奉献不可。

孩子们的精神、孩子们的个性和孩子们的言语生命就是如此被泯灭的！这很容易让人联想到中国人古时的妇女缠足，有差别的是这样的作文教学不再是缠足，而是缠脑！所以，全国名师韩军痛陈：我们的有些语文教师，不但没有成为语文学习的导航人，反而成了扼杀“天才”的刀斧手！成了扼杀学生独立精神的执剑者！成了独立思维、独立言语者的封喉人！

写作本是一件非常美好的事情，它源于一种生命觉醒，源于苏醒的心灵对世界、对人生的惊喜感悟，源于对自身经验、自身情感的一种珍惜。因而用自己的语言写真实的感受是一个人灵魂的确证，是一个人个性与人格的展现，这其实是一种不可侵犯的权利，不管他的语言多么怪异，他的感受多么与众不同。

作文教学要唤醒学生固有的言语生命意识和言语潜能，使之得到良好的护养和培植，这样，学生的言语智慧才能得到积极主动地发挥和张扬。学生的写作应以生活化、平民化、个性化、童稚化为主，以朴实和真切为本，以孩子所处年龄阶段的精神体验和生命体验为基本限度，切记不可拔高，尤其不可用神圣、崇高来取代孩子们真实的语言表达和精神体验。我坚定地认为，相当多的时候，孩子们率性地写生活、朴实地写自我、不加掩饰地描摹与诉说，这本身就是神圣，就是崇高，就是庄严！

《从百草园到三味书屋》是“恋人絮语”

《从百草园到三味书屋》是鲁迅先生的名篇，建国之后，几乎历版教材都把它选入。但过去我们对此文误读的地方太多了。

《从百草园到三味书屋》写于1926年9月，当时鲁迅已经46岁。

1926年前后的鲁迅正受着生活的奔波、世态的炎凉、国家的不安、思想彷徨的煎熬，可以说处于人生最苦闷、困惑的时期，使得鲁迅不由得要去回顾反省自己的人生，释放自己内心的积郁与苦闷。而此时年轻的女学生许广平走进了她的生活，两人不久就碰撞出爱情的火花。面对这种感情，鲁迅曾一度不安，但不久还是坠入热恋的爱河。

这一时期鲁迅写了一系列回忆早年生活的和他一贯文风截然不同的作品，大多收集在《朝花夕拾》中。这些作品的字里行间少了“如刀枪，似匕首”的犀利的批判，而平添了许多甜腻、纯真、质朴之情。对这些“夕拾的朝花”，在以往的分析和解读中，我们忽视了一个关键的地方，那就是，他有一个特殊的隐含读者——正与鲁迅热恋的许广平。

鲁迅先生这一系列作品，首先是写给自己挚爱的女人许广平看的，或者说是一个男人写给自己恋人的絮语。因而鲁迅这一时期的作品总是情不自禁地回忆早年往事、趣事，文章中总是洋溢着一份难得的温馨与快乐。而借回忆童趣也正好可以慰藉一下自己疲惫、沧桑的心灵，增加许广平对自己的过去的了解，加深彼此的认识。这是人之常情。所以，他的这些作品最突出的也就是“情趣”二字。由此，我们不难理解，这一时期鲁迅先生一贯“如刀枪，似匕首”的批判文字为什么会一下子少了，而突兀出现这么多文笔细腻、感情纯真，似乎和鲁迅犀利的文风格格不入的作品。

所以说，《从百草园到三味书屋》只是艺术而真实地记录儿童时代自己从家庭步入学校的这一过程和两个不同环境里作者所感受到的童真和情趣，表现他儿童时代对自然的热爱，对知识的追求以及天真、幼稚、欢乐的心理。

在百草园里，我们看到了作者孩童时代入学之前的身影，从后园寻虫到泥墙根的嬉戏，从美女蛇的故事到冬日捕鸟，无不洋溢着童年的欢乐；入学之后，从三味书屋布局的鲜明印象到询问怪哉虫受到先生冷落，从朗读难懂的四书五经到偷偷用纸糊在指甲上做戏，无不流露出作者愉快的回忆。而这样的文字，正是适合当时年轻的许广平看的文字。

过去我们常常将本文的主题之一理解成是鲁迅对封建教育制度的揭示与批判，认为作者在文中深刻地揭示、批判了腐朽的封建教育制度对孩子身心发展的束缚与迫害。这实在是一种政治式的误读，是对鲁迅作品本意的强奸。

被误读的寿镜吾先生

寿镜吾先生长期被我们误读着!

寿镜吾，何许人也?答：寿镜吾，名怀鉴，号镜湖，清道光二十九年八月初八（公历 1849 年 9 月 24 日）生于绍兴，鲁迅的启蒙老师，三味书屋主人，性格耿直，品行端正，在绍兴城里有口皆碑。鲁迅在《从百草园到三味书屋》中以“极方正、质朴、博学”传其为人，但被我等后学解读为百草园的践踏者和腐朽的封建教育走卒。

我上中学时，语文老师在讲《从百草园到三味书屋》中的寿镜吾时，语气极具批判性和权威性。老师认为，寿镜吾老先生不自觉地为旧制度效劳，是旧教育制度的忠实执行者。他不懂得少年儿童的心理，他没有像长妈妈那样能够抓住儿童的心，他也没有像闰土的父亲那样耐心诚恳地回答儿童提出的问题，而是不看教育对象的心理特点，拒绝学生的提问，泯灭他们的求知欲，这些都是错误的教学态度与教学方法。

后来等我教书之后，才明白我的老师照搬的是教参上的观点。不过这一观点在当时的确是标准答案。那时普遍认为，寿镜吾即是封建教育走卒，当然得打倒并踏上一万只脚。所以，长久以来，都把鲁迅写寿镜吾读书的情景，视为封建教育走卒空虚苍白的说教的穷形尽相。

随着年岁的痴长，对事物的理解也开始学着用自己的脑袋思考了。重读鲁迅，我发现，鲁迅先生对百草园固然喜爱，对三味书屋又何尝不是深情绵绵？对长妈妈和闰土父亲一往情深，对寿镜吾先生又何尝不是敬重有加呢？

一、寿镜吾是一位“极方正、质朴、博学”的人

寿镜吾，是三味书屋的第三代主人，也是最有作为的主人。

他从先人手里接过教鞭，一挥就是60年。仅仅从启蒙了周氏一门的鲁迅、周作人这一点来看，寿镜吾就为中国新文学创下了殊勋伟业。其实，他自己的子孙们也几乎个个是鸿儒，只是因为遵守祖训，一心在三味书屋教书，所以才默默无闻。20世纪30年代，寿镜吾的一个名叫寿孝天的侄子偶然走出书屋，一下子就轰动了中国文化界，他与人合作编写了《辞源》。

寿先生极为痛恨侵略中国的列强，一生不愿用外国货，不穿洋服。

他非常节俭，夏天只备一件夏布衣衫，挂在墙上，与两个儿子共穿。尽管如此，但他从不赤膊会客。有一次，新台门周藕琴来访，正逢大热天，他正好赤膊在家，匆忙之中一时间找不到长衫，正好天井里晒着一件皮袍，他就不管三七二十一拿来披在身上。藕琴见此，马上猜到了几分，连忙口中称热脱掉了长衫，想让老先生把皮袍脱下。寿镜吾却坚持不脱，连说：“赤膊见客荒唐！赤膊见客荒唐！”周藕琴见此只好赶紧告辞。

他学问渊博，厌恶功名。老先生忠实遵守父训，立志不当官，自20岁（同治八年，即1869年）中了秀才以后，就再也没有去应试，而是一生坐馆授徒。不但如此，他也反对和禁止儿子去参加科举考试和当官。他不允许小儿子去赶考，甚至把他锁在楼上，每顿饭菜都叫人给送去。结果他的小儿子用麻绳绑在窗门上，缘绳而下，逃出了楼房，终于去北京考取了朝考一等第一名，当上了吉林省农安县的知县。寿镜吾老先生就骂他不孝，骂了好长一个时期。

大概吴越是山水鱼米之乡，读书人家里若有些小的产业，不至于过不去、非要去当官不可。再加上清朝政治混乱，寿老先生对清末官场的腐败是深恶痛绝的，认为乱世切莫去做官，即使做了官也是昏官。在当时这种遁世退却、不合浊流的态度是可贵的，联系“三味书屋”的命名，很能看出老先生的正直、善良。这对于他的学生，如后来成为反封建的猛士的鲁迅先生，大概不会没有影响吧！

二、鲁迅一生对寿镜吾先生十分敬重

三味书屋只收学生八个，而且非常严格，要经熟人介绍，寿先生上门目测，同意了，才可以来读书，并且学生要自带桌椅。鲁迅对三味书屋的求学生涯是非常珍惜、充满好感的，学习十分用功，因此成绩非常优异。寿先生很看重鲁迅，而鲁迅在寿先生的辛勤教诲下，古典文学知识越来越扎实，文化素养也越来越高。鲁迅对老先生一生中满怀敬意，关系亲密。鲁迅说：“我对他很恭敬，因为我早听到，他是本城中极方正，质朴，博学的人。”自1897年离开三味书屋后，鲁迅“和他保持着经常的联系：寿镜吾亲送陈年米至周家”（周建人）。鲁迅去南京、东京等地求学后，每次回绍兴时，都会去拜见寿镜吾先生。即使是1906年鲁迅奉母命回家与朱安完婚，在绍兴只逗留了四天，鲁迅还是抽空去探望了年逾花甲的寿镜吾先生。寿镜吾的孙子寿宁先生曾回忆：“鲁迅每年春节前，总是用‘大红八行笺’给我祖父写‘拜年信’，都是恭恭正正的小楷，以‘镜吾夫子大人函丈，敬禀者’为开头，以‘敬请福安’为结尾，下具‘受业周树人顿首百拜’之类的话。”

1926 年鲁迅写就《从百草园到三味书屋》时，寿镜吾还健在，但已是 77 岁的暮年老人了。

因此，鲁迅不可能在自己的作品中表达三味书屋生活的痛苦，更不可能讽刺一位当时还在世的他一生都非常敬重的恩师。

三、《从百草园到三味书屋》丝毫没有批判寿先生之意

1. 从情感看，《从百草园到三味书屋》前后两部分的情感是一致的。

过去我们常常将本文的主题理解成是鲁迅对封建教育制度的揭示与批判，认为作者在文中深刻地揭示、批判了腐朽的封建教育制度对孩子身心发展的束缚与迫害。在这样的视野中，文中写的百草园的生活和三味书屋的生活，被认为是作者有意进行的童趣和枯燥两种不同生活的对比，快乐和痛苦两种不同情感的对比。其实，这是对作品严重错误的解读。

一切文学皆人学。分析作品，我们首先要研究作者和作者所处的环境。《从百草园到三味书屋》写于 1926 年 9 月，当时鲁迅已经 46 岁。而此时年轻的女学生许广平走进了他的生活，两人不久就碰撞出爱情的火花。面对这种感情，鲁迅曾一度不安，但不久还是坠入热恋的爱河。对鲁迅的《从百草园到三味书屋》，以往的分析和解读中，恰恰忽视了这一个关键的地方，那就是，他有一个特殊的隐含读者

——许广平。

联系鲁迅当时的生活背景，我们不难看出，《从百草园到三味书屋》是鲁迅写给自己挚爱的女人许广平看的，是一个男人写给自己恋人的絮语，是46岁的鲁迅清理自己的人生历程、消除内心苦闷的一种情感释放与心灵慰藉。文中的叙述情感是统一的，无论百草园生活和三味书屋生活，作者都是以一种愉快与诗意的语调，叙述自己小时候读书生涯的趣事，贯穿全文的是一种欢快、温馨的情感，而非我们过去理解的文中有两种情感——快乐与痛苦。

所以，了解了当时鲁迅的写作背景，所谓“两种情感说”的错误解读也就不攻自破了，那种认为作品对寿镜吾先生的批判之说也就更站不住脚了。

2. 从内容看，《从百草园到三味书屋》对寿镜吾先生是持肯定态度的。

鲁迅在文中写道“第二次行礼时，先生便和蔼地在一旁答礼。……我对他很恭敬，因为我早就听到，他是本城中极方正，质朴，博学的人。”

对照课文，先生的和蔼方正，屋后的梅园，寿先生“不常用戒尺”，“不常有罚跪的规则”，连孔子的牌位也没有，这都让人想起那个儒家的“仁”字，先生以吟诵“仁远乎哉我欲仁斯仁至矣”宣称，仁爱的远近是以心灵为前提，掬水月在手，只要心存爱意，便能“仁至义现”。

这些也从侧面反映了他的宽厚、和蔼和开明以及鲁迅对他的尊敬，又何来批判寿先生之意？寿先生的言行总令我想到现在的教师，板着面孔，高举心理“大棒”，让学生背诵教材上一些平庸之文，让学生背书的唯一理由是“应付考试”，而忽视自己和学生的修身，这一点，和寿先生相比，不知要差多少。现代的一些教师虽手中已无戒尺，但体罚学生的手段不知要高明寿先生几倍，体罚学生的程度不知要高于寿先生几何？

文中更令人感叹的是寿镜吾与学生一同读书的情景：

“先生自己也念书。后来，我们的声音低下去了，静下去了，只有他还大声朗读着：‘铁如意，指挥倜傥，一坐皆惊呢～～金叵罗，颠倒淋漓噫，千杯未醉嗬～～’”

“铁如意，指挥倜傥，一坐皆惊呢～～”；金叵罗，颠倒淋漓噫，千杯未醉嗬～～”出自清人刘翰的《李克用置酒三垂岗赋》，引文中的声浪号表声音起伏、持续不断，“噫”、“嗬”指念书时加在句尾用来加强感情的声音，意思是：拿着铁如意，指挥比画，潇洒自如。用金杯喝酒，痛快淋漓，喝得很多而未醉。

从这里，我们可以看到寿镜吾先生自甘淡泊的情感。他如醉如痴的情态是那么投入。从内容上看，诵读而入醉的不是什么所谓情致高雅的正宗诗文，倒是那种充满狂放情致的近代诗赋。从这里，我们可以深刻地感受到寿镜吾先生潜心从事蒙学教育，远离官场仕途，自甘淡泊的正直的知识分子的清白品格。一个被我们现代人认为满脑子“纲常礼教”的人，在面对知识时，却能放弃尊者的架子，与学生一同沉醉在知识的美好中，这与我们现在提倡与学生共同面对知识，共享人类文化，共为教育成败负责，强调学生学和教师教的过程，师生人格的互动，没有什么大的区别。

所以，想起被误读的寿镜吾先生，深感愧疚。因为我深感：我们现代许多教师根本不如被我们长期批判的这一位“封建老朽”！

让我再次重温三味书屋门上那副对联：“至乐无声唯孝悌，太羹有味是诗书。”

第四辑　教并快乐着

教并快乐着

人生就如一趟单程的旅途，重要的不是沿途的风景，而是看风景的心态。既然选择了教师这个职业，又何必太在意那许多的不适呢。把每天的工作当作一个快乐的开始，全身心地投入到自己喜爱的事业中，和每个孩子愉快地交换眼神，这是一件多么幸福的事啊！

1996 年，我师范大学毕业，怀着美丽的憧憬和满腔的热情，开始了自己漫长的教育教学之旅。尽管当时的教育有着太多不尽人意的地方：贫瘠的教育资源，滞后的教学手段，匮乏的精神文化生活……但坚定的信念，还有那一群群渴求知识的孩子们，深深地激励着我，感染着我，震撼着我。我深深地知道，我的生活里已离不开那一双双充满期待的眼神，离不开那一个个涌动着活力的可爱的生命。尽管一切皆在简单繁琐中顿显清苦，尽管一切皆在枯燥乏味中初显寂寞，尽管同窗好友们曾多次相劝一起跳槽下海，可是自己终究未改初衷，不愿舍弃那段缠绕在心头的教育情结。

十几年来，我坚定而自信地站立在讲台上，带领着孩子们在知识的海洋里一起遨游，一起放飞理想。我不懈地努力着，执著地追求着，在通向成长的道路上留下了串串坚实的足迹。还记得第一次和学生一起参加全国作文大赛获得全面丰收，第一次鼓励那个胆小的女生向杂志社投稿喜获刊登，第一次和学生共享媒体对我的整版专访……太多的第一次，让我每时每刻都能体会到成功的喜悦、生活的美丽与自己生命的年轻。

很多时候，我感觉不是我这个人站在讲台上，而是我的生命。我快乐着享受付出，快乐着享受工作，快乐着享受着生命和活着的过程。每一节课对我而言，真的都是一种快乐和享受，是和那些可爱的孩子们用心和生命进行交流的快乐与享受。我小心翼翼地用智慧和爱心给教育的每一个细节都涂上了快乐的底色，在改造课堂中不断追寻和实现着自我超越，大胆创生诗意的教育，让学生在自由、民主、幸福中领略到别样的课堂风景。一棵树摇动另一棵树，一朵云推动另一朵云，一个灵魂唤醒另一个灵魂，交流情感、分享智慧，我欣喜地觉察到自己在教育探索的路上似乎已经触摸到了诗意人生的境界。在基础教育这座直入云霄的大山上攀援时，我有幸采摘了一些香美的鲜花，收获了一路令我数次热泪盈眶的故事。

前几日，收到一位毕业学生的来信，他说："您是老师，更是我们知心的朋友。我们一辈子都不会忘记您。您是我遇到的最好的语文老师!"看完信，一种莫名的激动涌上心头，不知不觉中，我的两眼湿润了。平淡的日子中这种幸福和快乐又有哪位不曾为人师的人能享受得到呢？而我拥有了这种幸福和快乐，也会尽力去创造平淡中的新奇。为了我心爱的学生，也为了我自己。

“读”领风骚

书少非君子，无“读”不丈夫。人生糊涂读书醒，书魂缠人是幸事。古人说，人不读书，则尘俗生其间，照镜则面目可憎，对人则语言无味。看来，只有“读”领风骚，才能达到知识和智慧的彼岸。

不过，读书是有境界之分的。

清代著名学者王国维在《人间词话》中，引用晏殊、柳永和辛弃疾的三句词概括了读书的三境界，他认为：第一是“昨夜西风凋碧树。独上高楼，望尽天涯路”——上下求索；第二是“衣带渐宽终不悔，为伊消得人憔悴”——刻苦攻读；第三是“众里寻他千百度。蓦然回首，那人却在，灯火阑珊处”——发现真知。

而我认为，读书有五种境界，即：以书为神，以书为师，以书为友，以书为敌，以书为徒。

以书为神是顶礼膜拜式阅读。年幼时，初触书本，视为神明，匍匐跪在书的脚下，对书本上的一切都深信不疑，不敢越雷池一步，甚至对“书中自有黄金屋，书中自有颜如玉”都不曾怀疑。似乎每个读书人都要经历此阶段。

以书为师是崇拜式阅读。随着年龄、读书阅历的增长，逐渐发现，书言并非都那么神圣，但大多数还能像老师一样对自己不乏指导意义，虽也崇拜，但已把书由神灵降为人师。

以书为友是挑灯夜话式阅读。把书当作良友，边阅读边思考，细细揣摩它的骨肉和灵魂，体察它的细枝末节，感知它的体温、呼吸和特殊气息，静心感受各种书籍带来的变化和熏陶，用自己的概念去消化吸收书籍蕴藏的知识。接触多了，耳濡目染，无论知识、智慧、情趣、雅致都会受到潜移默化的浸润，一个人的视野、胸襟会变得广袤而敞亮起来，久而久之，人也会进入另一种境界。

以书为敌是挑战性阅读。读别人之书，不盲从，入书出书以书为疑，若读书有见，即提出一种主张，就想此人是我的劲敌，有了他，就莫得我，非与他血战一番不可。宋代词人苏轼，曾借《孙子兵法》八面受敌的术语比喻读书，他认为读书如用兵。如果问题很多，就要各个击破，逐一把文章读懂读透。清代文人郑板桥也曾视书为敌。书读到这种境界，就要把读书时发现的疑点、难点，或有争议的问题，作为“敌方”设置的“堡垒”，逐处寻它缝隙，努力攻破。即便攻人，又代别人设法抗拒，愈战愈烈，愈攻愈深。如我的主张错了，不妨改从别人；如别人主张错了，就依着我的主张，加大“质疑分析探索”的力度，向前研究。必要如此，读书方能入理。

以书为徒是“会当凌绝顶，一览众山小”的俯批式阅读。著书的人，学识肤浅的很多，如果自信学力在那些人之上，不妨把他们的书拿来评判之、审校之，当如评阅学生文字一般。说得对的，与他加几个密圈；说得不对的，与他画几根杠子。我想世间俚语村言，含有妙趣的，尚且不少，何况别人的书，自然有许多至理存乎其中，我们评阅越多，智识自然越高，这就是普通所说的教学相长了。

当然，第五种境界我等凡人达到者极少，可能许多人终身也无达到之日，但这毕竟是一种方向。譬如行路，虽然把路径寻出，无奈路太长了，脚力有限，只好努力前进，走一程，算一程。

阅读，就是精神远游

没有一艘船能像一本书，
也没有一匹骏马能像
一页跳动的诗行那样——
把人带向远方。

这条路最穷的人也能走，
不必为通行税伤神。
这是何等节俭的车，
承载着人的灵魂。

——［美］狄金森：《没有一艘船能像一本书》

如果说天使就是传播福音的使者，那么书籍就是天使为人类准备的“不必为通行税伤神”的“节俭的车”，承载着我们的灵魂到达理想的彼岸。

阅读是生命的加油站，也是精神的洗车房。我始终认为，教育是从阅读开始的，孩子也只有在书香中成长，精神才不会残疾。读书，就好比在天使的引领下不断寻找精神的伊甸园。按照王小波的说法——除开今生今世之外，他还拥有一个更加诗意的世界。它是松间明月和石上清泉的朗照与静默；它是天地空旷我独行的惬意与自在；它是一千朵郁金香正在隐秘盛开。

生命因阅读而美丽。通向未来的路，不是回家的路，人应该诗意地栖息在大地上。其实，经济贫困并不可怕，比经济贫困更可怕的是知识贫困和思想贫困。帕斯卡说：思想形成人的伟大，人的全部的尊严就在于思想，人只不过是一根会思想的苇草。顾城说，“黑夜给了我黑色的眼睛，我却用它寻找光明”。在思想的密林中，与大师的精神会餐是我们精神远游的最大理由，它会使我们深刻地体会到厚实的生命哲思，也会使我们的精神变得美丽而丰盈。

“真正的阅读必须有灵魂的参与”，阅读必须有一种虔诚老实的态度，不要滑，不偷懒，相信书籍的力量（但不神化、迷信书籍的力量）。每天与书结伴，端坐桌前，怀着一颗虔诚的心，穿透时空，读《诗经》，读《论语》，读《唐诗》，读《宋词》，读安徒生，读莎士比亚，读罗曼·罗兰……在不断地充电中保持着思维的活跃、灵魂的清新，就像一条小河流向它的大海。

温总理写过一首名为《仰望星空》的诗，其中有这样一句令人记忆犹新：“我仰望星空，它是那样庄严而圣洁；那凛然的正义，让我充满热爱、感到敬畏。”一切流俗现象不是因为经济的贫穷，而是精神家园的贫弱，一种先天性文化不足症所导致的。我必须通过虔诚地认真地阅读，以巨大的勇气和毅力进行艰苦卓绝地抗拒与完善，让自己拥有可仰望的精神星空。

阅读要博。单靠精致的点心和维生素来养生，是肯定健壮不起来的。如果每天不能鲸吞几万字的话，知识是很难丰富起来的。“书能把我们托得多高，取决于我们触摸过多少文字；书能把我们带到多远，取决于我们品味过多少书香。”

阅读要深。对于经典，必须像牛嚼反刍一样反复研读，这样才能很好地消化吸收。我相信：走马观花式的阅读不会得到书中的精髓。所以，我认为，读书不能盲目地追求数量，而应该更多追求质量。

阅读要精。人的时间和生命是有限的，读书要有方向、有目标、有计划、有选择。精读经典是读书最大的经济学。要注意精读的“聚焦原则”，当一个人把注意力集中到一个焦点上时，那就能做出连他自己也会感到吃惊的事情来。如果瞄上几位大师的经典作品，潜心研究，深入思考，就能以一当十、以一当百甚至以一当千，你就等于坐上了提升自己精神境界的直升机。

阅读要思。仅仅拥有知识的人看到一块石头就是一块石头，而善于思考、拥有智慧的人却能在一块石头的缝隙里看到别致的风景，从一粒沙子里发现天使的灵魂。书籍只是智慧的载体，而不是智慧的全部。只有经过思考的阅读，才是真正有效的阅读；只有经过思考的阅读，才能把别人的思想玫瑰移到自己的精神园地，进而开出自己绚丽的思想玫瑰。德国哲学家叔本华曾说：世上读书的人很多，但大多数都是在咀嚼别人的思想，一辈子活在别人的思想当中，真正具有清醒、独到判断力的没有几个，庸众就是这样形成的。读书在于读自己，发现别人的同时，也发现自己精神的家园。不管是轻松的随心阅读，还是苦涩的磨脑子的阅读，我们都应该提醒自己注重心灵的舒展与自由，注重灵性的提升与生命质量的提高。人最怕的就是“心为形役”，我想在读书的问题上，我们也要避免“心为书役”，一个人如果丢掉了自己，那读再多的书又能有什么用呢？作为一个独立的个体，我们不该自负，但也不能成为被人牵着走的动物，只有学会独立阅读与思考，才能支撑起赖以自由呼吸和直立行走的“脊骨”，生命的旅程才会更加精彩。

人因为思想而伟大

“如果整个法国文学只能让我选择一部书留下，我还是会毫不犹豫地选择留下《思想录》，它是一个崇高的纯粹法国天才的标本。”法国维克多·吉罗的这句话一直在我耳边回荡。于是，我的2008年暑期“精神远游”的第一站就敲定为帕斯卡的《思想录》。

走进帕斯卡的《思想录》，才发现它真的不愧为“欧洲近代三大经典哲理散文”之一，帕斯卡以其论战的锋芒、思想的深邃以及文笔的流畅，一次次将我的灵魂甜蜜地击倒。在他摇曳的思想芦苇后，我分明看到深邃而辽阔的思想的海洋，恣肆狂涛之后常常淹没了我“静坐参拜的蒲团”。

这个体弱多病仅仅活了39岁的天才真的是一位思想斗士，既继承和发扬了理性主义的传统，毫不妥协地说出世间的一切，以理性来批判一切；同时又指出理性本身的内在矛盾，并以其特有的揭示矛盾的方法，反复阐述了人在无限大与无限小两个极限之间的对立悖反，论证了人既崇高伟大又十分软弱无力的这一悖论，向我们指明“人因思想而伟大”的事实，说出了我们虽有感悟但永远也说不出的话：

我们的全部尊严就在于思想。我们必须通过思想而不是通过我们无法填充的时空来提升自己。

人只不过是一根芦苇，是自然界最脆弱的东西；但他是一根能思想的芦苇。

我很容易就能想象出一个人没有手、没有脚、没有头（因为只是经验才教导我们说，头比脚更为必要）。然而，我无法想象人没有思想：那就成了一块顽石或者一头畜牲了。

在《思想录》里，他就这样用一串串精神的记录证明，他是一根最有尊严的芦苇。

人显然是因为思想而生的，人的全部优点仅在于此，人的全部责任也在于按恰当的方式思想。但世人在思考什么呢？是跳舞、吹笛、唱歌、做诗、铃响了就赛跑，还有打斗，让自己当国王，根本不想想当国王是怎么一回事，当普通人又是怎么一回事。

然而，三百多年后，他忧虑的这一切又有什么重大的改变吗？我们不得不遗憾地告诉他没有！我们这些芸芸众生不只是一些脆弱的芦苇，我们更是一些平庸的芦苇，是深深地沉湎于世俗的芦苇，湿漉漉的叶片坠满了简单而低层次的欲望，满足于人生表面的光怪陆离和虚荣浮华。放眼望去，我们这个世界，有独立思想的人太少太少了，而人云亦云、随风倒的钻营投机分子则总是层出不穷。

读完这本书，我越发觉得：思想是一个人的灵魂，正是思想使我们有别于其他动物并持有一份尊严。一个人如果没有带着思想去生活，那么，它只能是活着，而不是生活，更不可能有富有意义的人生。

作为教师，更应成为“一根能思想的芦苇”。“北大的良心”钱理群教授认为：理想的教师应该是思想者！作为判断一个教师是否思想者的标准，他引用了湖北一名乡村教师的7个问题，看得我浑身冒汗，一下子“榨出我皮袍下面的‘小’来”：

1. 你对你生活的世界有没有自己独立的认识?

2. 你有信念吗? 你有自己的信念吗? 你能感受到自己信念背后的生命气息吗?

3. 你有不同于他人的教育观吗?

4. 你反思和追问过自己的知识观吗?

5. 你有没有想过自己应该以一种什么样的语言和严肃姿态出现在学生面前?

6. 我们都说教师是启蒙者，你思考过启蒙吗? 什么叫启蒙? 你追求什么样的启蒙?

7. 作为一个教师你有艺术判断力和艺术审美力吗?

不为别人的评价而活着

古时候有父子俩赶驴进城。开始父亲骑在驴上，儿子牵驴前行。两位老人见到后就对父亲大加指责：你自己骑驴却叫儿子走路，一点都不懂得疼爱自己的孩子！父亲听后连忙和儿子调了个个儿。走了一段，几位年轻人又指责儿子自己骑驴是没有孝心。于是父子俩一起赶着驴往前走。不多久，几个儿童又讥笑父子俩放着驴不骑是笨蛋，父子俩听后便一同骑上驴往前走。走不多远倒霉的父子俩又遭到几个妇人的唾骂，说他们两人都骑在驴上不顾驴子死活是没有良心。于是乎，方寸大乱、无所适从的父子俩只得把驴捆起来，两人一前一后抬着往城里走。

第一次读《父子骑驴》这则寓言是在少年时代，故事中没有主见的父子让我笑了很久，不相信世上还有这样愚蠢的人；今天再读它时，却怎么也笑不出来，那故事中的父子分明有你我他的影子，因为现实生活中类似“父子骑驴”的悲剧在我们许多人身上经常发生着。

中国有句俗话，叫做“人嘴两扇皮，反正都是理”。做一件事，如果没有自己的主见，一味地听从别人的评价，迎合别人的看法，强求自己采纳每个人的意见，最终只能是一事无成。故事中父子简直就为别人的评价而活着，这样的人生有什么快乐和意义可言？当然，我们中有不少人热衷于充当指责“父子俩”的“老人”、“儿童”和“妇人”的角色，其结果是不但矮化自我形象，而且有可能让众多“进城的父子们”无所适从。

世人都在活着，但究其实，许多人并没有真正活着，至少他们不是为自己而活着，而是像故事中的父子为别人的评价而活着。

不少人活得很累，很紧张，甚至很痛苦，因为每天都在看世人的眼色行事，别人（甚至某一个人）认同的他去做，别人（甚至某一个人）不认同的他不去做；因为太在意别人的嘴巴，他们总是活在别人的赞叹与毁誉之间，总是活在别人的笑声与骂声之间，总是活在别人的评价与议论之间……他们为别人的赞叹而高兴，为别人的毁谤而悲伤，为别人的赞成而进行，为别人的反对而罢休，为别人的笑声而歌唱，为别人的骂声而丧气，为别人的评价而高兴，为别人的议论而痛苦……

伟大的存在主义哲学家萨特认为：人活着，要做自己。他说：“是懦夫把自己变成懦夫，是英雄把自己变成英雄；而且这种可能性是永远存在的，即懦夫可以振作起来，不再成为懦夫，而英雄也可以不再成为英雄。”理性是衡量一切的标准，不要盲从传统或公众，尽管他们的实力是强大的，甚至会给你各种“罪名”。

一个人想干一番事业，必须过“四关”，即：寂寞关、困难关、非议关和自我关。“寂寞关”是第一道关，意味着你要放弃什么、割舍什么、甚至牺牲什么；“困难关”主要来自各方面的压力，学识上的、理论上的、思想上的等等；“非议关”指在成长过程中受到的误解、讽刺乃至打击；“自我关”是指取得了一定成绩后，对自己能否正确定位，能否再接再厉、自我超越。

我们能够把握的是自己当下的生命，不要太在乎别人异样的眼光，不要太在乎别人的评价，更不为别人的评价而左右。下决心改变自己吧！从一缕轻风、一抹阳光、一朵白云、一袭晚霞里读出快乐，以清风明月的胸怀去领略风光无限，以潇洒自在的心态去关爱人间百态。

别忘了自己是一只什么的鸟

一只老鹰从鹫峰顶上俯冲下来，将一只小羊抓走了。一只乌鸦看见了，非常羡慕，心想：要是我也有这样的本领该多好啊！于是乌鸦模仿老鹰的俯冲姿势拼命练习。一天，乌鸦觉得自己练得很棒了，便哇哇地从树上猛冲下来，扑到一只山羊的背上，想抓住山羊往上飞，可是它的身子太轻，爪子又被羊毛缠住，无论怎样拍打翅膀也飞不起来。结果被牧羊人抓住了。牧羊人的孩子见了，问这是一只什么鸟，牧羊人说："这是一只忘记自己叫什么的鸟。"

读完这则寓言故事，一个问题始终在我的头上盘旋：乌鸦的命运毁在哪里？思前想后得出两个字：榜样！在这个崇尚榜样的时代，我又反弹琵琶一次。乌鸦正是学习榜样老鹰，忘了自己"是一只叫什么的鸟"，结果落得个被牧羊人抓住的悲惨下场。

一位哲人曾告诫我们："这个世界上没有两片完全相同的叶子"。虽然成功学家激励你说，"学习成功者，你就可以成功，你要永远对自己说：我能行，我是最棒的！"而实际上无数的事实证明：无论你多么认真地学习成功者，多么相信你是最棒的，但是你未必能行。因为每个人都是独一无二的，在一定意义上讲，每个成功者的道路都是不可复制的，把榜样当样板，会让你困死在成功者的影子里。

生活中有很多这样的人：本来是一块不错的木头，可以做成非常精美高档的木器，但是偏偏忘了自己是谁，要学习钢铁的榜样，把自己丢到炼钢炉里，其结果也就可想而知了。电影导演冯小刚在一次电视采访中谈到自己的导演之路时说，“姜文、陈凯歌我认为都将有长长的影子留在影坛，我若照他们的路走，可能走很长的路了，还在他们的影子里。我要努力在他们的影子之外，找到阳光照过来的缝隙。可能我的影子很短，但这毕竟是属于自己的。”做导演，冯小刚是成功的，其成功就在于认清了自己，知道自己是“一只叫什么的鸟”。其实，每个人都有自己独特的优势，我们要敢于坚持契诃夫所说的“大狗叫是叫，小狗叫也是叫”的理论，对自己的发展做规划时，一定要认清自己，切不可盲目地学习榜样，否则就会落个故事中乌鸦的下场。

世人皆云：“榜样的力量是无穷的！”我对这话更愿这样理解：榜样激励你的力量是无穷的，但是毁灭你的力量也是无穷的。在这篇文章的结尾，我想以一句不合时宜的话与朋友共勉：一定要认清自己是“一只叫什么的鸟”，别让榜样误了你！

我们每时每刻都是幸运的

佛祖为了消除人们的痛苦，就从人间选了100位自认为最痛苦的人，让他们把自己的痛苦写在纸上。写完后，佛祖说，现在，请你们把手中的纸条相互交换一下。结果，这100人看完后都很惊讶，过去总以为自己是这个世界上最痛苦的，现在才知道这世上有很多人比自己更不幸，那么还有什么想不开呢？

这几天，我一直在读史铁生的《病隙随笔》一书。随着岁月的流逝，史铁生的精神境界逐渐达到超然。他在书中写道：

生病也是生活体验之一种，甚或算得一项别开生面的游历。……生病的经验是一步步懂得满足。发烧了，才知道不发烧的日子多么清爽。咳嗽了，才体会不咳嗽的嗓子多么安详。刚坐上轮椅时，我老想，不能直立行走岂非把人的特点搞丢了？便觉天昏地暗。等到又生出褥疮，一连数日只能歪七扭八地躺着，才看见端坐的日子其实多么晴朗。后来又患“尿毒症”，经常昏昏然不能思想，就更加怀恋起往日时光。终于醒悟：其实每时每刻我们都是幸运的，因为任何灾难的前面都可能再加一个“更”字。

作为正在生活的人，谁能像史铁生般悟这样高的境界？史铁生先生双腿残疾，患有尿毒症，在轮椅上经历了33个春秋，并且一生中有一半时间在看病。相对于我们，他够不幸了，是不是他更应该去寻死呢？然而他没有。他理解到他是幸运的，因为他至少还拥有生命。

由此，我还想到另一个故事：

一天，一位乡下汉子在过桥时不慎连人带小四轮拖拉机一头栽进一丈多深的河中。谁知，眨眼功夫，这位汉子像游泳时扎了一个猛子般从水里冒了出来，围观的人将他拉了上来，上岸后那汉子竟没有半丝悲哀，却“哈哈”大笑起来。

人们惊奇，以为他吓疯了。有人好奇地问他：“笑啥？”

“笑啥？”汉子停住笑反问，“我还活着——连皮毛都没伤着，不值得笑？”

世上再没有比活着更值得庆幸的。明白了这个道理，人生才会充满快乐。

我经常给我的学生讲，我们每个人活着的每时每刻都是幸运的！前几天，我的一个学生在周记中发出了“活着没意思”的感慨。于是那天我临时调整了授课计划，给他们讲了一个真实的故事：

在台湾有一个美丽的小女孩，在她小学二年级的时候，因为右腿鼠蹊部的疼痛而住进了医院。诊断发现她患上了癌症——软组织恶性肿瘤，在保守治疗无效的情况下，医生只有实施截肢手术。于是9岁那年截去了她的整条右腿。正是在这样的情况下，这个小女孩用她尚有些稚嫩的笔，写下了人生最最坚强的文字——《我还有一只脚》的短诗：

贝多芬双耳失聪
郑龙水双眼失明
我还有一只脚
我要站在地球上

海伦·凯勒双眼失明
郑丰喜双脚畸形
我还有一只脚
我要走遍美丽的世界

这个女孩的人生只持续了十年零六个月，但是她能在自己短暂的一生中留下这样饱含着最最不屈梦想的篇章。我对学生说，我从没有见过这个小女孩的照片，不知道她长了怎样的可爱面庞，不过在我的想象里，她一定有着大大的眼睛、浓浓的眉毛；她还一定很喜欢笑，笑起来的时候会露出缺了一颗门牙的牙齿，脸颊上还会显出两个浅浅的酒窝来。说不定在我讲故事的时候，她正倔强地用一条腿站在云彩上面，指着天边金色的太阳对着天使喊：快看，那太阳多漂亮啊！

然后，我给学生播放了许景淳谱曲并演唱的这首诗歌。学生听得很仔细，许多学生的眼里分明闪着泪花。我知道：学生们内心受了触动！

最后，我问学生：想想我们的衣食住行，哪样缺少呢？你能不能行走？能不能看见每一天的阳光？能不能听见世界上最美妙的声音？

事情就是这样，人往往记住自己倒霉的事情，却常常把走运的事情忘在一边，这正是幸运之神的悲哀，所以人们总觉得自己是不幸的，总觉得悲哀的事情比快乐的事情多，也便无端生出一些不必要的烦恼出来，甚者还自寻死路。其实，人生就是一种“平衡”，得到什么，便会失去什么。如果换一个角度思考，我们的确每时每刻都是幸运的！

当你情绪低落时，不妨去看一看孤儿院的孤儿、养老院的老人、医院的病人，你会发现：世界上除了自己的痛苦外，还有许多不幸的人。如果能到火葬场或墓地去转一转，你会感到：能够活着实在是一种幸运和幸福！

不拿别人的错误来惩罚自己

今年春节回老家看望父母时，碰到了当年的大学同学韩某，差点让我不敢相认。他苍老的面容给人感觉足有 50 岁，而他实际的年龄才三十刚出头。

韩某在县城教书，刚参加工作那几年，他是我们羡慕的偶像——年纪轻轻就荣获市级优秀教师和市级优质课大赛一等奖，所带班级也年年荣获优秀班集体。不过后来他就消沉下去了，再也没有听说他在教育教学上取得任何进步。在吃饭闲聊时，我了解到背后的原因，竟然是校长对他的一次公开课的错误批评。当时他非常不服气，认为校长不懂教学，没有能力，于是整日牢骚满腹，怨天尤人，处处跟领导唱反调，教学成绩也一落千丈，后来造成矛盾升级，弄得事业、工作和生活都不顺。

我和韩某大学时非常要好，知道这个情况后，我劝说他：

“不能拿领导的错误来惩罚自己！你的领导误解你，是他的错，为什么要用他的错来拒绝自己进步，影响自己的事业和前途呢？难道我们工作的意义仅仅是为了获得领导的好评或认可？领导误解或不认可，决不能成为我们消沉的理由。相反，我们应该为自己创造机会，用自己的行动证明自己的实力。再之，你的领导有没有能力也得从另一方面想一想，领导的能力，不仅仅是教学业务上的技能，更多的是组织能力、协调能力、综合能力等等，而你可能只看到了他个人能力不好的一个方面。据我了解，你们学校近些年来能良好运转并取得一系列成果和荣誉，就说明你们校长还是有一定水平的。”

他听后似有感悟。

无独有偶，在老家与一向数学成绩非常棒的侄女闲聊时，发现她现在的数学成绩非常不理想。我问她原因，她告诉我是她现在的数学老师普通话不好。

“你是不是因为老师普通话不好，不愿听他的课，就不学了？”

“嗯！”她点点头。

“孩子！咱不能把老师的不足作为自己不前进的借口呀！因为老师一点儿的不足，你可把你一学期的数学都丢了。但反过来讲，你老师数学本科学了四年，又教了多年数学，在代数、几何等各方面都要比你强百倍不止，你承认吗？她还不够资格做你的老师吗？金无足赤，人无完人，你爸爸妈妈的缺点与你老师普通话不好相比，可能还要大得多，那你就看不起爸爸妈妈啦？”我就对侄女说。

侄女通过这件事，对自己进行了反省，很快调整了情绪。前几日她打电话对我说，这一段她的数学进步很大，数学老师也非常喜欢她，而她也越来越感觉数学老师可亲可敬。

像我同学和侄女这种情绪效应在日常教育管理中普遍存在。而这种情绪对一个人的发展是非常有害的。许多原本很有才华很有抱负的人，都是因为不能正确认识和处理与他人的关系，带着情绪不服从命令、不配合工作和学习，怨天尤人，蹉跎岁月，结果人为地影响了自己的发展和才华的施展，荒废了大好事业。别人的错误和不足决不是自己不进取的理由，拿别人的错误来惩罚自己是很愚蠢的。

当别人有不足或者误解你时，关键是你以何种心态面对这种不完美。人非圣贤孰能无过？在一生中一点错都不犯的人是找不到的，我们应该用换位思考的方式来体谅他人，宽容他人。多看到别人的优点，多从对方的角度思考问题，才能汲取到他人的优点，也才能更好地完善自己、发展自己。

内涵决定命运

一个推销员在纽约街头推销气球。生意稍差时，他就会放出一个气球。当气球在空中飘浮时，就有一群新顾客聚拢过来，这时他的生意又会好上一阵子。他每次放的气球都变换颜色，起初是白的，然后是红的，接着是黄的。过了一会儿，有个黑人小孩走过来，望着他，并怯生生地问道："先生，如果你放的是黑色气球，会不会上升？"气球推销员很理解这个小孩的心情，温和地说："孩子，那是气球内所装的东西使它们上升的。"

气球能够升上天空，不是因为外在的颜色，而是因为气球里面所装的东西。同样，决定我们命运的，不是你的出身，也不是你所处的环境，而是你的内涵。

在一些地方讲课，常常听到一些教师把自己的不发展归结为体制问题，应试压力太大。作为一个长期生活在教学一线的老师，我非常理解当今教师的辛苦。我们常常羡慕一些名师，但他们也没有生活在真空状态中，照样受着体制的约束。难道他们就没有应试的压力？据我了解，许多名师所在的地方应试压力比我们还大，尤其是一些高中的名师。同样是在这个体制内，同样都面临着应试的压力，同样每天走路，为什么别人能走向成功而我们不能呢？我想：名师之所以为名师，是因为他们任何时候也没有忘了丰富自己的内涵！有了内涵，就有了厚实的底气、儒雅的文气、智慧的灵气，就能够使我们焕发活力，增强成功的自信心，促进自己的专业化发展，进而走向事业的成功。

作为教师，我们不能慨叹命运，也不能怨叹出身，只要我们能不断丰富自己的内涵，你的人生就会像那个推销员的气球一样，不管是红的白的黑的，都能得到升华。

站 起 来

一位和尚跪在一尊高大的佛像前，正无精打采地诵读经文。长期的修炼并未使他立地成佛，他为此而苦闷、彷徨，渴望解脱。正好，一位云游四方的大师来到他身旁。

“尊敬的大师，久仰久仰！弟子今日有缘见到你，真是前世造化！”和尚来不及站起，激动得颤颤巍巍地说，“今有一事求教，请指迷津：伟人何以成其伟人？比如说，我们面前的这位佛祖……”

“伟人之伟大，是因为我们跪着……”大师从容地说。

“是因为……跪着？”和尚怯生生地瞥了一眼佛像，又欣喜地望着大师，“这么说，我该站起来？”

“是的！站起来吧，你也可以成为伟人！”

“什么，你说什么？我也可以成为伟人？你……你……你这是对神灵、对伟人的贬损！”说着，和尚双手合十，连念了两遍“阿弥陀佛”。

“与其执著拜倒，弗如大胆超越！”大师说罢头也不回地走了。

“超越？呸！”和尚听了大师的话如惊雷轰顶，“这疯子简直是亵读神灵，玷污伟人！罪过！罪过！”说着，虔诚之至地补念了一通忏悔经，又跪下了。

一心想成“佛”，又不敢站起，世间这样的人恐怕不在少数。其实睁眼看一下，大千世界中哪有跪着的佛？迷信乃至崇拜偶像，以至失去自我，泯灭个性和做人的自尊，是世人的悲哀。更为悲哀的是身在迷信之中而不知其迷信，最终被其毒害乃至扼杀。

我常常告诫我的学生，一定要三不迷信——不迷信教材，不迷信教师，不迷信权威；我常常告诫青年教师，在再伟大的人物面前、再“完美”的教育理论面前，也一定要站起来！

用心灵赢得心灵

在仙崖禅师住的禅院里，有一位学僧经常利用晚上时间，偷偷地爬过院墙到外面去游乐，仙崖禅师夜里巡视时，发现墙角有一张高脚的凳子，知道有人溜到外面去，他不惊动别人，就顺手把凳子移开，自己站在凳子的地方，等候学僧归来。夜深的时候，游罢归来的学僧，不知凳子已经移走，一跨脚就踩在仙崖禅师的头上，随即跳下地来，才看清是禅师，慌得不知如何是好！但仙崖禅师毫不介意地安慰道："夜深露重，小心身体，不要着凉，赶快回去多穿一件衣服。"全寺大众，没有人知道这一件事，仙崖禅师从来也没有提起，但自此以后，全寺一百多个学僧，再也没有人出去夜游了。

仙崖禅师看似"示弱"的举动，却有效地"征服"了学僧，收到了意想不到的效果，他采用的方法很简单，那就是宽容。"夜深天凉，快去多穿一件衣服。"我们可以想见听到老禅师此话后，他的弟子的心情。在这种宽容的无声的教育中，弟子不是被他的错误惩罚了，而是被教育了。

宽容之于教育，正如苏霍姆林斯基所言："要像对待荷叶上的露珠一样，小心翼翼地保护学生幼小的心灵。晶莹透亮的露珠是美丽可爱的，却又是十分脆弱的，一不小心露珠滚落，就会破碎，不复存在。"

面对犯了错误的学生，训责呵斥，固然也能把学生"管"得规规矩矩，"理"得服服帖帖，但往往治标不治本，甚至把学生推到对立面，拉开师生之间的感情距离，个性倔强的同学还会因此而产生逆反心理，而宽容却能起到"以柔克刚"、"此时无声胜有声"的效果。其实，学生犯了错误，大多数都会后悔，希望得到宽容、谅解，这时教师对他施以宽容，无异于雪中送炭，使学生体会到教师的信任和尊重，从而填补师生之间的感情空白，强化其改过图进的愿望。故事中仙崖禅师若搬去椅子对学僧"杀一儆百"，也没什么说不过去的，学僧可能从此收敛，但可能不会认真反省，更不会有以后的故事了。

前苏联教育家赞科夫曾经说过："当教师必不可少甚至最重要的品质就是热爱儿童，假如有爱心，我们还有什么理由不采取宽容的态度，对待学生身上的错误和缺点呢?"最好的教育是爱的教育，以鼓励代替责备，以关怀代替处罚，更容易收到教育的效果！心理学揭示的规律告诉我们：教师的教育在心理上从来不是单向流动的，在这个流动过程中，教师的教育态度，一经转化为学生的情感体验，学生就会产生相应的态度来对待教师。一旦作为教育者的教师与受教育的学生之间有情感的沟通，教师就会取得学生的信任，学生接受教育的反感就会被克服，取而代之的是：老师是值得亲近、信赖的人。这就为学生接受教育打下了基础。而宽容从某种角度就达到了教育者与受教育者之间的情感沟通效果。

苏霍姆林斯基曾说过："有时宽容引起的道德震动比惩罚更强

烈。”作为一名教师，我们应该给孩子多一份理解，多一次机会，多一些鼓励，我们定会“用心灵赢得心灵”。有了这种爱的宽容，就能出奇出巧，就能在教学中变无法为有法，就能产生千变万化的教学机智，就能赢得学生的尊敬和爱戴，就能取得“润物细无声”的最佳的教学效果。

当然，宽容决不是无原则的宠爱和放纵，宽容应该有度、得当、严爱相济，要“动之以情，晓之以理”，宽严是辩证统一的。

不能代替

佛门有句老生常谈：各人吃饭各人饱，各人生死各人了。生死大事、参禅问道是每个人自己的事情，别人是无法帮助的。不光佛教如此，日常生活中的许多答案，不都是有待于我们每个人亲身实践，探求其中的奥秘吗？前人说得好：滴自己的汗，吃自己的饭，自己的事自己干！靠天靠地靠祖上，不算是好汉！

然而，我们现在的教育在一定程度上剥夺了孩子们用自己的眼睛去观察、用自己的心灵去体验、用自己的双手去创造、用自己的身体去实践的机会和权力！

2005年7月12日的《北京青年报》上载有一篇报道：《半夜，家长安营驻扎少年宫》。报道说，前天，是广州市少年宫和第二少年宫接受报名的日子，而在前一天下午2点多，不少家长已经顶着烈日纷纷“进驻”少年宫了。为了能够给孩子报上名，有的是夫妻俩轮流排队；有的干脆花100元钱雇民工排通宵；做老板的，则有几个手下为其轮班；甚至在报名现场，还出现了“卖号”赚钱的人。一个号码，比300多元的学费还要贵。

还真想不到，在广州，少年宫报名会如此火爆。是为什么呢？报道说，是因为家长想给孩子报上兴趣班的名。想想真是不容易，孩子入学报名，家长要参与排队，孩子考试升学，家长也参与排队，如今，这暑假里报个少年宫的兴趣班，家长也要参与排队。孩子一生的成长中，家长们打算参与排队到何时呢？

而《青岛早报》上一则报道则更让人觉得不是滋味。家住福州市的李女士因在电话里听到儿子哭着说想家，想吃妈妈亲手包的馄饨，就花了近3000元打“飞的”，给刚考入青岛一所大学学市场营销专业的儿子送来了一碗热馄饨。

读这样的新闻，只会想到一个字：累！中国的家长真累！但其中大多数人不承认累，而是认为这才是爱，东方式的爱。你说这是溺爱，他们不爱听。

孩子成长过程中，家长包办代替太多，会有什么结果呢？2005年的《新京报》上曾有一则报道：沈阳“神童”王思涵“14岁考上大学，18岁被开除”。报道说，王思涵14岁那年高分考入沈阳工业大学自动化专业，然而入学后，成绩每况愈下，今年本应该是大学毕业了，但，他却因为多门成绩零分，而被“责令退学”。王思涵解释说，他和同学之间，因为年龄、爱好等差异较大，无法交流，对大学生活很不适应，特别是父亲的去世，令他无心学习。

那么换一下立场，从孩子这方面来说，他们是否感恩呢？恰恰相反，他们大部分认为父母为自己所做的一切都是理所当然，一部分抱怨父母管得太多，留给自己的自由太少，而只有极少数知道父母不易，心存感恩。这正是包办教育产生的一个悖论：你包办了一切，却没有赢得孩子应有的尊重；你设计了孩子的昨天、今天，却不能包办他的明天；你播下的是龙种，收获的却可能是跳蚤。

卢梭早在《爱弥尔》中就说："人们只想到怎样保护他们的孩子，这是不够的。应该教他成人后怎样保护他自己，教他经受得住命运的打击，教他不要把豪华和贫困放在眼里，教他在必要的时候，在冰岛的冰天雪地里或者马耳他岛的岩石上也能够生活。"用这个标准来衡量，我们今天教育出来的孩子有几个能达标？

我不是提倡斯巴达式的教育，也不鼓励我们的孩子去学日本的武士道精神，更不是要他们接受什么狼性教育。这是两个概念。他们应该有他们自己的人生，成功也好，失败也罢，都要自己去闯去打拼去体验，家长只需为他们把握住向善的大方向就够了。

禅师的育才之道

有一位信徒在佛殿礼佛后，信步到花园散步，碰巧看到园头（负责园艺的僧众）正埋首整理花草，只见他一把剪刀在手中此起彼落，将枝叶剪去，或将花草连根拔起，移植另一盆中，或对一些枯枝浇水施肥，给予特别照顾。信徒不解地问道："园头禅师，照顾花草，你为什么将好的枝叶剪去？枯的枝干反而浇水施肥，而且从这一盆搬到另一盆中，没有植物的土地，何必锄来锄去？有必要这么麻烦吗？"

园头禅师道："照顾花草，等于教育你的子弟一样，人要怎么教育，花草也是。"

信徒听后，不以为然道："花草树木，怎能和人相比呢？"

园头禅师头也不抬地说道："第一，对于那些看似繁茂，却生长错乱，不合规矩的花，一定要去其枝蔓，摘其杂叶，免得它们浪费养分，将来才能发育良好；就如收敛年轻人的气焰，去其恶习，使其纳入正轨一样。第二，将花连根拔起植入另一盆中，目的是使植物离开贫瘠，接触沃壤；就如使年轻人离开不良环境，到另外的地方接触良师益友，求取更高的学问一般。第三，特别浇灌枯枝，实是因为那些植物的枯枝，看来已死，内中却蕴有无限生机；不要以为不良子弟，都是不可救药，对他灰心放弃，要知道人性本善，只要悉心爱护，照顾得法，终能使其重生。第四，松动旷土，实因泥土中更有种子等待发芽。就如那些贫苦而有心向上的学生，助其一臂之力，使他们有新机成长茁壮！”

信徒听后非常欣喜地说道：“园头禅师，谢谢您替我上了一课育才之道！”

涅槃经云：“情与无情，同圆种智。”世间上没有不可救的生命，没有不可教的人才。寺院山门口往往供一尊笑容满面的弥勒佛圣像，意思是用慈悲（爱）摄受你，但弥勒佛的背后，却供了一尊手拿降魔杵的将军韦驮圣像，意思是用威武（力）折服你，父母师长对年轻子弟，一面授予爱的摄受，一面给予力的折服，子弟不会不成材的！

啐啄同时

母鸟全心全意孵蛋，蛋中的小鸟即将出世时，不但小鸟会在蛋中拼命啐，母鸟也须从外以啄将壳啄破，来帮助小鸟出壳。这一啐一啄的同时，便是新生命产生的时候。

做任何事都需要掌握时机。机不可失，时不再来。如果啐啄不在同一个时间，小鸟可能有生命危险。禅的修行也就以“啐啄同时”为最高理念。现在当教师的何尝不是呢？当学生有“啐”的能力时，为师的必须掌握时机，把握住这一瞬间和机遇，以“啄”的气势，帮助其开悟。可惜的是我们总是错失“啐啄同时”良机，很少能够体悟到“啐啄同时”的喜悦。

作为一名教师应该思维敏捷，善于捕捉最佳教育时机，随机应变地采取有效措施来教育学生。这是一个动态系统，只有在动态中才能求得平衡。教育学生和厨师炒菜一样有一个看“火候”的问题，即“时机”问题。同样的材料和作料，有的人炒的菜，就没有厨师炒的好吃。厨师炒的菜，外酥里嫩，香甜可口，色、香、味俱佳。这关键就在于掌握“火候”，火候大了会炒焦，火小了就不熟。也就是说，火要烧得不大不小，恰到好处。教育绝不是一种没有威信的说教，更不是把知识和道理从一个人的脑子里搬到另一个人的脑子里的机械过程。教育首先是一种情感的交流。情感是动态的，又因当时的情景、条件、地点、时间等不同而变化。所以说，选择不同的时间进行教育，其效果往往是不一样的。只有把握“啐啄同时”的良机，我们才能收获到成功的果实。

常作印：不做庸师（附录）

王三阳　柳文生

“每天读书、上网不少于一小时，每天背诵一段经典，每天进行一次体育锻炼，每天上好一节语文课，每天写一篇教育随笔，每天反省一次自身。”这是他每天坚持的“六一工程”。

“您是我遇到的最好的语文老师！我一辈子都不会忘记您！如果有来生，我一万次愿做您的学生！”这是一位已经毕业参加工作的学生在教师节用手机发给他的肺腑之言。

“集才气、骨气、正气于一身，以天下人的教育为己任！在网上，他打动了太多的人，感染了太多的人，唤醒了太多的人，而他自己，却非常谦逊，没有半点文人的酸腐气。”这是教育在线书香世界版主、江苏东台双语学校语文教师费晓东对他的评价。

“他的报告像一阵春风，让我迷茫的心豁然开朗，像一阵暴雨，让迷糊的我醍醐灌顶，又像一声春雷，惊醒我将要熄灭的激情。原来教师这个职业也可以这样干！原来这个职业也可以幸福做！原来我也可以走向精彩、迈进成功！”这是濮阳市马纪刚老师听了他的报告后真实的心声。

“一位教育思想者心灵的燃烧！”这是全国著名特级语文教师李镇西博士对他的教育随笔的赞誉。

……

他，就是常作印，新生代名师，全国优秀语文教师，全国中学语文十佳教改新星，中原课改名师，河南省学术技术带头人，安阳市新长征突击手，“本原语文”的积极倡导者和实践者，中国基础教育界的一颗新星。

是什么原因，使得一位只有30多岁、参加工作仅仅11年的青年老师如此大放异彩？带着这些疑惑，记者走进了常作印的世界。

一则故事改变了行走方式

采访常作印，我们从对教育的认识谈起。

常老师说：“我对教育的认识，是从一则佛家的故事开始的。在读到这则故事之前，我和许多老师一样，只知道整天埋头于上课、批改作业，很少抬头正视现状、思考问题，终日忙忙碌碌却又一直碌碌无为。”这到底是一则什么样的故事，能使一位教师的行走方式发生变化？在我们的要求下，常老师拿出他工作第三年时的读书笔记。在扉页上，有一段用楷书工工整整抄写的《第十九层地狱》：

一个杀人犯死后被打入十八层地狱，伤心得不得了。正在伤感之际，忽然听脚底下有人唉声叹气。杀人犯很吃惊，就问：下面什么人？你住在什么地方？下面的人回答：我是教师，住在地狱的第十九层。杀人犯更吃惊了，说：不是地狱只有十八层吗？怎么出了个第十九层？下面说，这是阎王特设的。杀人犯说，杀人就是最重的罪了，你的罪难道比杀人还要重吗？那人说：这你就不知道了，人有两条命，一是性命，二是慧命，杀性命只伤肉体，杀慧命毁掉的可是灵魂啊。就因为我生前误人子弟，杀了许多孩子的慧命，所以就被下到第十九层了……

常老师告诉记者，当时他读到这则故事时，心灵受到强烈的震撼，从那一刻他发誓：决不做灭杀孩子慧命的庸师！

于是，他开始反思自己的教学行为，是否在勤恳地扮演着伤害孩子慧命的杀手角色；开始思考教师这个职业的意义，认识到伟人和罪犯都可能在教师手中形成；开始疯狂读人文经典和教育专著，鲸吞式恶补精神食粮；开始用自己的头脑教书，不再人云亦云，抑或不知所措。

"每当自己的教育教学中出现这样那样的问题或遗憾时，我都问自己：是否也该下到地狱的第十九层?"从此，常作印把自己的工作当作一种表达生命内质的生活方式，把读书、实践、反思作为自己最大的人生乐趣，不断地超越自我。

与学生共同成长

与学生共同成长，这应该是教师职业的正确的价值取向，但对于中国的大多数教师而言，却在培养学生成长的同时忽视了自己的进德修业。常作印老师认为："不做庸师，首先是发展自己。学生超越教师，是教育的幸事；然而如果教师太容易超越，我看则是教育的悲哀。我们很平凡，但是我们的学生需要优秀的老师。学生可以原谅老师的严厉、刻板，但是不能原谅老师的不学无术、不思进取。""只要家有隔夜粮，就做最出色的孩子王！为了培养出最优秀的学生，我必须使自己成为最优秀的教师。"

这掷地有声的话语，令人想到一句话："有一种风骨叫思想。"

优秀教师的成才之路都是用书籍铺筑起来的。常作印老师坚持从繁琐的教学事务中摆脱出来，挤时间读书，把读书当作第一精神需要。

走进常作印老师的家庭，给记者印象最深刻的是，到处是书。尤其是他的书房，书柜几乎排满了三面墙壁。记者还了解到，他每年的教育报刊订阅费都在500元以上，他每周都要去书店逛一逛，遇到好书就当即买下。这两年流行网购后，有一次，他一口气就在网上订购了1000多元的图书。没有整块的时间用于读书、写作，就利用那些细碎的时间。无论走到哪里，他都随身携带几本书，随时翻阅和记录。他告诉记者："学高为师，身正为范。作为教师，如果每天不能鲸吞几万字的话，知识是很难丰富起来的。单靠精致的点心和维生素来养生，是肯定健壮不起来的。"

在读书上，他不但强调鲸吞，还强调牛嚼。他认为，对于经典，必须像牛嚼反刍一样反复研读，这样才能很好地消化吸收。他说，他像别人读武侠、言情小说那样，津津有味地读着一本本教育理论书，常常像哥伦布发现新大陆一样，发现自己未知的领域，并不断地把盛开的玫瑰移到自己的思想园地里。

记者随手翻阅他书柜里的一些教育经典著作，发现大部分页码都被他批注了密密麻麻的文字，甚至有不少地方已经被画得面目全非。再看他的一本本的读书笔记，摆在一起，真的像一排排士兵。我明白了什么叫积累。

他说，正是牛嚼了一些教育经典，使自己摆脱了在黑暗中摸索的状态，坐上了提升自己的"直升机"。

有人曾在不同场合，调查数千名中小学语文教师，全部通读过

《论语》、《史记》、“四大名著”的，鲜见！中国中小学语文教师的文化底蕴可见一斑。

常作印老师说：优秀的语文教师不仅要备课，更要“背课”。而他自己也正是这么做的。他的学校每天有40分钟的早读，其中语文占20分钟。常作印要求学生们在这20分钟里背诵课内外的经典篇目。同时，他自己也不闲着，和学生们一起背诵。教第一届学生时，常作印把初中六本语文教材要求背诵的篇目都背下来了；教第二届学生时，他开始背唐诗宋词、莎士比亚的《十四行诗》、林肯的《葛底斯堡演说》、泰戈尔的诗歌等；后来，他又背会了《论语》、《老子》等。“我们这一代都是文化上没有长大的孩子，现在不补课，更待何时？我虽不及孩子们的记忆力好，但是我的理解力比他们强一些，所以背起来也不是很吃力。”常作印说，“《论语》有20篇，一周背1篇，20周就可以完成任务；《老子》有81章，其实就是81段话，一天背一段，81天就可以轻松背完。这些事情做起来并不难，而且它极大地丰厚了我的文化底蕴，何乐而不为呢！”

几年来，常作印和他的学生，一起读书、背书，共同进行着精神奠基工程。从常作印老师和他的学生常常引经据典、口吐莲花、妙语连珠的优秀的口才，你一定会想到背后的付出。

常作印不仅与学生共读，还坚持与学生一起做实践与思考的“体操”——写随笔。对于随笔，他对学生有两点规定。首先，要求学生随意“流淌”文字，而不要刻意地谋篇布局。其次，要求学生学以致用，把学到的课文知识迁移应用到自己的写作中，但要摒弃假、大、空的语言，要用自己的感悟写自己的话，反对游离于言语生命之外。

常作印不仅要求学生们写，而且自己还示范写。他的随笔本经常放在班里，让学生监督，供学生浏览。另一方面，他对学生的随笔批改，也是一道独特的风景。翻阅学生的随笔，你会发现，他的不少批语常常比学生的文章还要长，除去对随笔内容的评价分析外，更多的是与学生交流谈心。

在作文教学上，常作印痛陈：一些语文教师总喜欢引导学生“要写有意义的事情”，“说崇高的话”，用“群性话语”“公共思维”和“成人模式”，让全体学生都用一个模式思维、用一套话语说话，禁绝学生的个性语言和童稚语言，专断地干预、窒息他们的言语禀赋，以换取毫无灵性的工具化的言语操作能力。久而久之，一个个学生经过“严格规范”的教育后，变得呆头呆脑、循规蹈矩，完全成了一台复印机，哪里还有半点想象力和创造力可言？这很容易让人联想到中国人古时的妇女缠足，有差别的是“这些东西不再是缠足，而是缠脑！”

凡是常老师教过的学生，作文均能在短时间内有较大提高。初步统计，他教过的学生中 2/3 强的学生曾经在各种媒体发表过习作或获过作文竞赛奖。

再忙也要留出思考的时间

日本近代有两位一流的剑客，一位是宫本武藏，一位是柳生又寿郎，宫本是柳生的师傅。当年柳生拜宫本学艺时，曾就如何成为一流剑客请教老师：“以徒儿的资质，练多久能成为一流剑客呢?”宫本答：“至少 10 年。”柳生一听，10 年太久，就说：“如果我加倍努力，多久可以成为一流剑客呢?”宫本笑了笑。柳生又说：“如果我再付出多一倍的努力，多久可以成为一流的剑客呢?”宫本叹了口气答道：“如果这样的话，你只有死路一条，哪里还能成为一流的剑客?”柳生越听越糊涂。这时宫本说：“要想成为一流剑客，就必须留一只眼睛给自己。一个剑客如果只注视剑道，不知道反观自我，不断反省自我，那他就永远成为不了一流剑客。”宫本不愧为一流剑客，言之凿凿，字字珠玑，让柳生茅塞顿开！

由此联想到我们的教师。教师本来应当是人类中最具思考力的群体之一，但现在教育的哀伤正在于，作为教育传播的主体，有许多教师却严重缺失思考的习惯和独立思索的精神。

如果一位教师只顾低头拉磨，几十年如一日，孜孜不倦，默默耕耘，从不抬头看路，也不反思回顾，那么充其量他只能成为一个地地道道的教书匠，而永远成不了一流的教育家！教学重在反思，要学会静下心来不断叩问自己内心深处发出的声音。如果只知重复，一味照搬按以往的曲子跳舞，教学工作“年年岁岁花相似”，又哪会出现“岁岁年年人不同”的新气象呢？

常老师说：“再忙也要留出思考的时间，一小时的思考胜过一周的忙碌。”他认为，只有思考能帮助我们从无效走向有效，只有思考能帮助我们从有效走向高效。知识只是奠定教师课堂教学的底气，而思考却给教师带来灵气，一个有底气和灵气的教师在课堂上才会大气，才会表现出教育机智。如果我们的双眼被忙忙碌碌毫无闲暇的教育生活所蒙蔽了，如果我们的大脑塞满了教育中的繁杂琐碎平庸无奇，那么我们将难以睁开自己那双独立思考的眼睛，也难以在自己心中清理出一块静心反思的百草园。

曾子言“吾日三省吾身”，常老师说，他自己也有“每日三问”，即：一问“今天我的课学生喜欢吗？”二问“今天我读书了吗？”三问“今天我反思写作了吗？”

正是坚持思考，使常老师从习以为常的教学惯性与惰性中超拔而出，赋予他不盲从、不盲信、不盲动的思想品质；正是坚持思考，使常老师增益了他课堂教学的敏锐感知力与专业判断力，从而在随波逐流的时势中能独树一帜，体验课堂教学的思想的尊严和乐趣。例如：他从柳宗元的《黔之驴》里读出了中国文人的悲剧；他从莫泊桑的《项链》里读出此文与虚荣说无关；他从鲁迅的《从百草园到三味书屋》一文里读出了大写的寿镜吾先生……每一篇都是振聋发聩，石破天惊！

著名京剧表演艺术家盖叫天说：“科班的孩子练完功了，老师常叫坐下来，静一静，默一默。”什么叫默？默就是用脑筋去思索、揣摩。而常作印就养成了这种“默”的习惯。他认为，书本上的知识只有在善思者的头脑中才能活化为智慧。只有将粗糙的、混杂的、表面的、肤浅的、零碎的教育大杂烩，经过反思的发酵、过滤、提炼、蒸发，最终才能煮成一道道精美喷香的教育美餐！为此，他钻研教材，可以一动不动地“默”到半夜，发现别人没有发现的东西，想出别人没有想出的主意。他的阅读教学、作文教学，他的匠心独运的一篇篇优秀课例都反映了他“默”的功夫，他曾连续三次荣获河南省中学语文优质课教学设计大赛一等奖；2004 年 10 月，他代表学校参加安阳市中学语文优质课复赛，因设计新颖，一举夺得第一名！结束时全场听课的教师起立为他鼓掌。一位老教师更是激动地上前握着他的手说：“常老师，这是几年来我听过的最好的一节语文课！”

有人说，仅仅拥有知识的人看到一块石头就是一块石头，而善于思考、拥有智慧的人却能在一块石头的缝隙里看到别致的风景，从一粒沙子里发现天使的灵魂。让我们都留一点时间用来思考吧！像常作印那样细细地体会一下生命的成长与纯净，默默地享受一下生活的从容与律动，静静地聆听一下心灵的低语和悸动。

做一个有思想的教师

帕斯卡尔说过："人只不过是一根苇草，是自然界最脆弱的东西；但他是一根能思想的苇草。"作为教师，有思想才有尊严，有思想才有魅力，有思想才有价值。一个没有思想的教师也就没有了教书育人的灵魂，又何以成为塑造人类灵魂的工程师呢？未来的教师，应该成为教育的思想家，能够传播思想并且拥有自己的思想。常作印坚信：一个没有思想的老师，孩子正常的精神成长也无法在他手中完成，更不可能培养出文化的巨人。

有一次，他的班中一个女生在作文中这样写道："我多想变成一只狗，不分白天黑夜地守候在妈妈脚前。"按照传统的评判方式，这样的作文不符合当前所谓的高尚标准，但常作印老师了解到这位女生的母亲得了重病的情况后，在她的作文本上这样写道："你是一个多么孝顺的孩子，老师为你真挚的爱心而感动！"并给她打了高分。由此可见，教师一旦成了思想者，他带给学生的就不仅仅是知识、智慧，还有博大、温暖和阳光。

近几年来，常作印老师对语文教育的一系列思考，引起了广泛的关注。他发表的《中国语文教育需要来一场文艺复兴》，在中国语文教育界引发了文化启蒙的讨论；他发表的《关于语文教育的本原思考》，使大家开始对"乱花渐欲迷人眼"的语文改革进行反思；他发表的《用自己的眼睛看教材》，对中学语文名篇进行了重新解读，令人耳目一新。

常作印说，研究"不变"比研究"变"更重要。他认为，现代语文教育改革走入一个误区：寄希望用频繁的政治式"运动"来改进语文教学。现在大家都忙着研究语文教育形式上如何"变"，而忽视了研究“不变”的本原、总结“不变”的规律才是最重要。

常作印还认为，我国现代语文教育从开始就没有冷静分析我国古代语文教育的是与非，没有顾及中国语文自身的规律，没有从汉字、汉语的自身特点来进行改革，实际上一直在自我迷失或者说自我异化。在学习以拼音文字为特色的西方语文教育时，重视了“求同”忽视了“存异”，我们恰恰忽视了语文是有民族之分的，我们教授的语文姓中不姓外。

有人说，人创造辉煌只在一瞬间，但辉煌不只在一瞬间创造。几年来，我们不得不惊喜于常作印坚守的厚重与美丽：《教育时报》、《中国教师报》、《教师博览》等报纸杂志先后发表他的作品200多篇；他先后应邀到全国各地作报告30余场次；2006年6月，他又被推选为“河南省教育厅专家讲师团”成员，在河南省内多个市县巡回讲学；2006年7月26日，《教育时报》以《中原课改名师常作印：过一种幸福的教育生活》为题报道了他顽强的成长经历；2006年底，他被评选为“全国优秀语文教师”；2007年，他又被推选为全国中学语文“十佳教改新星”……

常作印说，“我不敢停下前进的脚步，无论有多么疲累，也要前行前行再前行!”

佛家悟禅有三重境界：山是山，水是水；山不是山，水不是水；山还是山，水还是水。教育教学不也如此吗？今年是常作印参加工作的第11个年头，记者问他：“你感觉现在的自己位于那一重境界?”他略作沉思，谦虚地说：“可能还是第一重!”也许再过10年，甚至20年、30年，那时的常作印可能已经达到另一个高度。我们可以在那时再与他相约，共叙一路走来的风景和一位教育理想主义者不断超越现实与自我的情怀!

（刊载于2008年第1期《新语文学习·教师版》）

做一名有思想的教师（后记）

我必须每年落一些叶子，

我必须不断地脱一些皮。

我必须每年生长一些新东西，

日日夜夜，我都渴求着血液的更替。

我不知道我什么时候可以休止，

因为我自己并不属于我自己。

——李广田：《记一个教师的谈话》

从大学毕业到现在，不觉十几个年头已经过去。这十几年，我一直在教学第一线默默地辛苦耕耘，犹如一只枯坐的井底之蛙，尽管外表沉默，但其内心的躁动绝不亚于奔涌的春水，我那不安分的头脑，一刻也没有停止过思考。我只有一个单纯的信念，那就是：拒绝平庸，以行进的方式活着，做一名有思想的教师！

一

职业特点决定了教师必须是一个有思想的人。有思想的教师才会教出有思想的学生，有思想的教师才能真正使学生体验到生命的快乐。教师如果不能成为思想者，只能靠别人的思想指导自己的行动，他的教学行为就不可能具有创造性，他的学生就不会思想，弄不好就会培养出精神侏儒和思想奴隶。靠他去“立人”，可能吗？而有了思想，平凡的工作一样会铸就灵魂的高贵。我始终认为，“有清醒的思想者和实践者，才会有理智的教育，才会有教育的发展和进步”。

对于教师而言，思想贫困比经济贫困、知识贫困都更可怕。一个没有思想的教师也就没有了教书育人的灵魂。我坚信：一个没思想的老师，孩子正常的精神成长也无法在他手中完成，更不可能培养出文化的巨人。“只有个性才能造就个性，只有思想才能点燃思想。让没有思想的教师去培养富有创造性素质的一代新人，无异于缘木求鱼。对正在走向伟大复兴的民族来说，这是很可怕的。”（李镇西）

肖川说过：“你真正的生命就是你的思想，你的思想就是你的处境。”教师不可能拎着自己的头发离开地球，只有执著于教育的思想并不断实践，才能实现自身的价值。

二

做一个有思想的教师，要有“人样”。说白一些，就是教师要活得像个人，要有人格尊严和独立思考的意识，要有人的教养并敬重自己的职业。我们这一代人常常缺乏问题意识与批判意识，缺乏纵深的追问能力，不敢张扬自己的个性。如果任这种局面一代代延续下去，那么我们民族的未来是非常令人担忧的。

教育的本质是育人，今天的教育培养着明天的公民。如果一个教师不能引领孩子们用自己的眼睛观察世界，“学会把现实正确地讲出来。用声音把现实说出，像麻雀说出黎明那样”（奥·埃利蒂斯），那么，这样的“好教师”需要被打上一个问号。只有教师活得像个人，站直了，他才不会去培养奴才，学生才会有“人样”。这应该是必须具备的“人性”常识，但很多时候，我们的教育让人看不到“人性”二字。

做一个有思想的教师，就应努力培养“用自己的眼睛看，用自己的耳朵听，用自己的嗓子说话，用自己的文字书写”的能力，敢于冲破迷信权威的思想牢笼，敢于冲破盲从书本的思想牢笼，敢于冲破膜拜圣贤的思想牢笼，敢于冲破固执己见的思想牢笼！

三

十几年来，为了不断地丰富自己的思想，我逼着自己读书、实践、反思、写作，研究教育规律，大脑经常接受思想风暴的洗礼，使自己一天天走向成熟。没想到：从自己笔尖舞蹈出来的文字，竟洋洋洒洒有几十万言了；近几年竟有二百多篇文章在报刊上幸运发表！

这本小册子收入的，正是近年来我在网上写的部分教育随笔。现在看来，许多观点幼稚、偏激甚至存在不少问题，但它是真实的，是我实践、思考与激情的结晶，也是我个人历史阶段的产物，见证了我的成长历程。所以，收入本书时，内容上除改动了错别字和不通顺的句子外，基本上保持原汁原味，未作大的改动。由于笔者学术浅薄，其中错误和不足在所难免，还请各位读者批评指正！我的邮箱：changzuoyin@126.com。在此，先向大家鞠躬致谢！

常作印

2010年3月

图书在版编目（CIP）数据

不做庸师 / 常作印著．—长沙：湖南教育出版社，2010. 4
（树人书屋）
ISBN 978-7-5355-6525-9

Ⅰ. ①不… Ⅱ. ①常… Ⅲ. ①教师—修养 Ⅳ. ①G451. 6

中国版本图书馆CIP数据核字（2010）第057092号

不做庸师
常作印 著
责任编辑：李军
责任校对：黄玉
湖南教育出版社出版发行（长沙市韶山北路443号）
网　址：http://www.hneph.com　http://www.shoulai.cn
电子邮箱：228411705@qq.com
客　服：电话 0731-85486742　QQ 228411705
湖南省新华书店经销　长沙超峰印刷有限公司印刷
710 × 1000　16开　印张：16.5　字数：191300
2010年4月第1版　2012年8月第2次印刷
ISBN 978-7-5355-6525-9
定价：21.00元